# 次の震災について
# 本当のことを話してみよう。

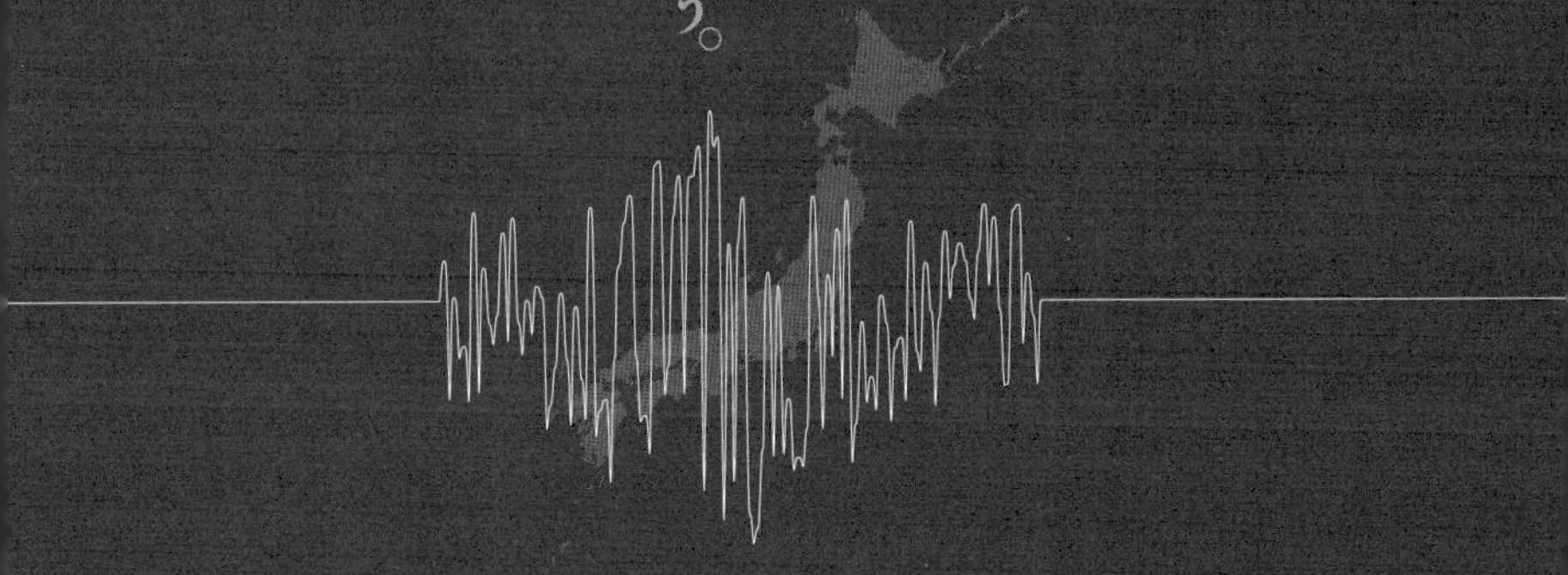

名古屋大学教授・
減災連携研究センター長
福和伸夫
Nobuo Fukuwa

時事通信社

# まえがき

南海トラフ大地震。最悪の場合、震度7の揺れは東海地方から四国、九州まで10県153市町村に及びます。国民の半数が被災者になる可能性がある大災害です。内閣府の想定では最悪で死者32万3000人。関連死を含めるともっと膨れ上がるかもしれません。

阪神・淡路大震災や東日本大震災では日本の人口の約5％の人たちが被害に遭いました。関東大震災も被害は関東限定でした。国民の半分が被害に遭うかもしれないというのは尋常ではありません。

この地震は「いつか来るかもしれない」のではなく、「必ず来る」のです。

首都圏を襲う地震も歴史上繰り返されており、懸念されます。

一方で、東京も大阪も軟弱な地盤の低地に都市を広げ、異常な過密が進んでいます。そこに林立する超高層ビルの安全性は十分には検証されていません。スイスの再保険会社が公表した自然災害危険度が高い都市ランキングで、世界ワースト1位は「東京・横浜」でした。

戦後40年、大都市での大きな地震がなく、日本は経済成長を遂げました。この間、電気、燃料、水道、通信網が高度に発展し、それを基盤にした社会に日本人は生きています。次の巨大な震災はそれらをすべてストップさせて容易に回復できないという、過酷な事態をもたらす可能性があります。

こうした事態は多くの人にとって「見たくないもの」です。私たちは「誰かがうまくやってくれている」と、見たくないことに目をつぶり、人任せにして日々を過ごしています。

畑村洋太郎さんは東京電力福島原子力発電所における事故調査・検証委員会の最終報告書の委員長所感で「人間はものを見たり考えたりするとき、自分が好ましいと思うものや、自分がやろうと思う方向だけを見がちで、見たくないもの、都合の悪いことは見えないものである」と、ユリウス・カエサル（ジュリアス・シーザー）の『ガリア戦記』がもととなったとされる格言を引用しています。

「見たくないもの」をあえて見なければ、私たちはまた過ちを犯してしまいます。

本書には「見たくないもの」をたくさん盛り込みました。また、最悪の事態を防ぐために、「何をしたらよいか」についても詳しく書きました。

企業はこぞって事業（業務）継続計画（BCP）をつくっています。でも中身を見ると十分な計画ではないことが多くあります。ほとんどの計画が「自分の会社の中」で閉じています。外からの電気や通信や、ガスや、水などが途絶えることを考えていません。もっとダメなのは、本来、BCPは「具合の悪いところを見つけて改善するためのもの」なのに、「社長や株主に報告するためのきれいなものになっていることです。組織にとって体裁は大事ですが、死命を制する防災については「ホンネ」で語らなければいけません。

私は名古屋の大手企業と一緒に「ホンネの会」という試みを始めました。入会資格は「自分の組織の悪いところを正直に話すこと」「嘘をつかないこと」の二つ。今では70組織が参加しています。「実はうちも全然ダメ」などというやりとりが続き、それぞれが持ち帰って自社の防災対策に生かしています。この試みは閉塞感が漂う雰囲気の打開に結び付くと考えています。

「ホンネがホンキの対策を生む」というのが私の考え方です。

そして多くの人が「我がこと」として防災を考えなければいけません。ただ、まだ起きていない地震を、我がこととして考えてもらうのはそう簡単ではありません。

防災が出発点ではなくても、皆さんが日ごろ接していることの中に防災の視点を持ち込めたらよいと思います。「大河ドラマ」にも『シン・ゴジラ』にも震災対応の手掛かりがあります。「地名」には警告が潜んでいます。「防災と言わない防災」の話がこの本にはたくさん出てきます。

主役であれ脇役であれ、あなたはこれから封切られる「災害映画」の出演者の一人。そんな「我がこと感」を持って、本書にお付き合いくだされば幸いです。

人間は実感して、納得し、我がことと思わないと動きません。そのために本書では最悪のケースを取り上げたり、表現を誇張したりするところはあります。また、すべてが解明されているわけではありませんから、私個人の考え方も含まれています。これらは、読者の皆さんに不幸せになってもらいたくない、少しでも対策をして被害を減らしてほしいと思うから紹介しています。言いすぎのことがあったらお許しください。あらかじめ謝っておきたいと思います。

読んでくださった方の背中を、少しでも後押しするような結果になればよいと思います。

次の震災について本当のことを話してみよう。 もくじ

※本書の年、月は太陽暦で表示しています。

# 序章
# 見たくないものを見る

# 私の東京出張

皆さんは新幹線にどのくらい乗りますか？

私は週2日ほど東京や関西方面への出張が入るので、名古屋駅から新幹線によく乗ります。でも、そのたびにビクビクします。乗っているときに直下地震が来たらいやだなと。

名古屋駅付近は地盤が軟らかくてズブズブなので、駅ビルなども強く揺れます。人混みで地震が来たらパニックになるだろうから、長居しないよう、出発ギリギリに来てサッと乗り込むようにしています。


座席は一番前や一番後ろの車両は選びません。もし地震で脱線したら、死亡率がずっと高いですから。東海道新幹線が地震で脱線するはずはない？ 確かに、緊急地震速報で自動停止するようにしたり、脱線防止レールを敷設したりといった何重もの安全対策を施しているので、きっと大丈夫だと思いますが、それでも高速で走るので心配です。
さらに私は、静岡駅を通過して富士山が左手の車窓に見えてくると、ちょっと緊張します。この辺りは江戸時代末期の安政東海地震で動いたと言われる「富士川河口断層帯」の真上。緊急地震速報は震源が直下だと間に合わない可能性があるからです。

無事にそこを通過しても、熱海駅の手前にある「新丹那トンネル」に入るとき、また身構えます。ここは1930年の北伊豆地震で断層に2〜3メートル程度の横ずれが発生、建設中だった東海道線の「丹那トンネル」が崩落して死者が出た場所のすぐ北側です。海辺を通るときは、津波が来たときのことを考えます。西に向かうときも、養老断層など多くの活断層を越えていきます。私にとって、新幹線は便利でありがたい移動手段であると同時に、こんなスリリングな乗り物でもあるのです。

＊ 安政東海地震はプレート境界の海溝型地震ですが、富士川河口断層帯も一緒に活動したとの説もあります。震源が近いと緊急地震速報が間に合わない可能性があり、危険度の高い断層なので注意が必要です。

降りる駅は、できるだけ品川駅を選びます。東京駅は周辺が軟弱な地盤で、周りには高層ビルがたくさん建っていて、人がいっぱいです。品川駅は東京駅より人が少なく、地震が来たらすぐに高台の高輪方面に逃げられるからです。

というわけで、この本を書くに当たって、品川を経由して、東銀座にある本書の版元、時事通信出版局に到着しました。

山手線を挟んで西側の日比谷、丸の内、大手町の辺りは、かつて海が入り込んだ「日比谷入り江」でした。その入り江を徳川家康が天下普請で埋め立てましたが、もともと地盤は良くありません。

それに比べて、時事通信社がある銀座周辺は台地から続く江戸の前島（実際は半島）だったところで、まだ地盤は良い方。時事通信社のビルも13階建てとそれほど高くなく、２００３年の竣工で耐震性はまあまあのようです。

ところが、肝心の出版局に行くと家具の転倒防止が全然できていない。それなのに防災の本を書いてほしいと言います。そんな会社から本は出せないとグズったところ、社長が「すぐやります！」と約束してくれました。それで、この本ができました。

実は日本の防災官庁ですら、家具止めをしていないところは珍しくありません。うるさく指摘してもなかなか対策してくれない役所がたくさんあります。日本の社会はまだまだ言行不一致なので、私はときどきイライラして、雷を落としたくなります。

そんなこんなで一応、出版の打ち合わせは終わり、次の予定の講演会場に向かいました。都内の移動はできるだけ徒歩です。健康と安全の両面でお得です。地下鉄ばかり乗っていると、地上の土地勘がなくなってしまい、何かあったときに避難ができませんから。

外を歩いているときには、周りのビルをキョロキョロ見ながら、どのビルが

＊ 東海地震の予知を前提とした「大規模地震対策特別措置法」が見直されるというニュースが流れた2017年秋に、気象庁にある地震防災対策強化地域判定会会長の部屋の家具がやっと止められました。

安全そうか、今揺れたらどのビルに逃げ込めばよいか、とかを考えています。

ビルでは、上りはさすがに疲れるのでエレベーターを利用しますが、下りはできるだけ階段を使います。地震で閉じ込められたときに怖いからです。万が一に備えて、携帯トイレは常に持ち歩いています。

講演会場に着きました。講演のときには、舞台の上にはできるだけ上がらないようにします。上から目線なのが嫌いなこともありますが、演台のある場所は、だいたい照明や音響など、いろいろな吊りものが上から落ちてくる場所にあります。だから舞台の下の、非常口に逃げやすいところでしゃべらせてもらいます。地震が来たら、すぐ舞台の下に潜り込むか、非常口にダッシュするつもりです。

居酒屋でも同じ。気心の知れた人と一緒のときは、座敷であろうがテーブルであろうが、私はできるだけ出入り口に近い席を選びます。気を遣って上席を勧めてくれることもありますが、私は幹事席の入り口が好きです。

充実した講演会も懇親会も終わり、「もう1軒」と誘われました。でも、や

＊ 講演会では「こんなシャンデリアがぶらさがっている部屋で防災講演会を開くとは、何を考えているのでしょう。ちゃんと固定してください」と主催者いじりをしたりします。自分に起こることとして考える「我がこと感」を持ってもらうことが、私の話の起点です。

んわりとお断りします。東京都心に泊まるのは少し不安ですから。連日の出張でも、できるだけ日帰りを選ぶ。それが私の、東京出張の基本スタイルです。

普通の人から見れば、変な人ですね。でも、地震は絶対に来ます。少しずつの対策、行動の積み重ねで、被害を圧倒的に減らせられます。だから私は、心配性でありながら、こんな生活を楽しんでいられるのです。

## 次の震災は「破滅的」

南海トラフ地震や関東地震は歴史上、何回も繰り返しています。「将来、来るかもしれない」のではなく、いずれ「必ず来る」のです。

伊豆半島を挟んで東側にあるのが関東地震を起こす相模トラフ、西側は駿河トラフ、南海トラフと続きます。いずれも、フィリピン海プレートが陸のプレートの下に潜り込むことによってできた海の中の溝です。南海トラフでは、フィリピン海プレートが年間５、６センチのスピードで北西に進んでいるので、１００年程度で５、６メートルのひずみがたまり、それが解放されるとマグニチュード（M）８クラスの巨大地震を引き起こします。

南海トラフ地震は東側から東海地震、東南海地震、南海地震と呼ばれています。

三つが同時に発生したのは１７０７年の宝永地震。東海、東南海が一緒に来て、その32時間後に南海地震が起きたのは１８５４年の安政地震。前回の昭和の地震では、１９４４年に東南海地震が単独で起き、２年後に南海地震が起きました。東海地震のところが残っているので、40年ほど前に東海地震説が提唱されました。

地震の起き方は毎回異なっていて一様ではありませんが、その間隔は百年から百数十年と定期的に見えます。

＊ 海のプレートがベルトコンベヤーのように動き、陸のプレートの下に潜り込むという考え方は「プレート・テクトニクス」に基づいています。ドイツの科学者、アルフレッド・ウェゲナーが１９００年ごろ「地球上の大陸は、かつて一つの大陸だったのが、移動して現在のようになった」と大陸移動説を唱えました。当時は相手にされませんでしたが、海底の地磁気の調査から、大陸が移動していることが実証されました。地動説が天動説に取って代わったような転換でした。

## 過去に発生した南海トラフ地震

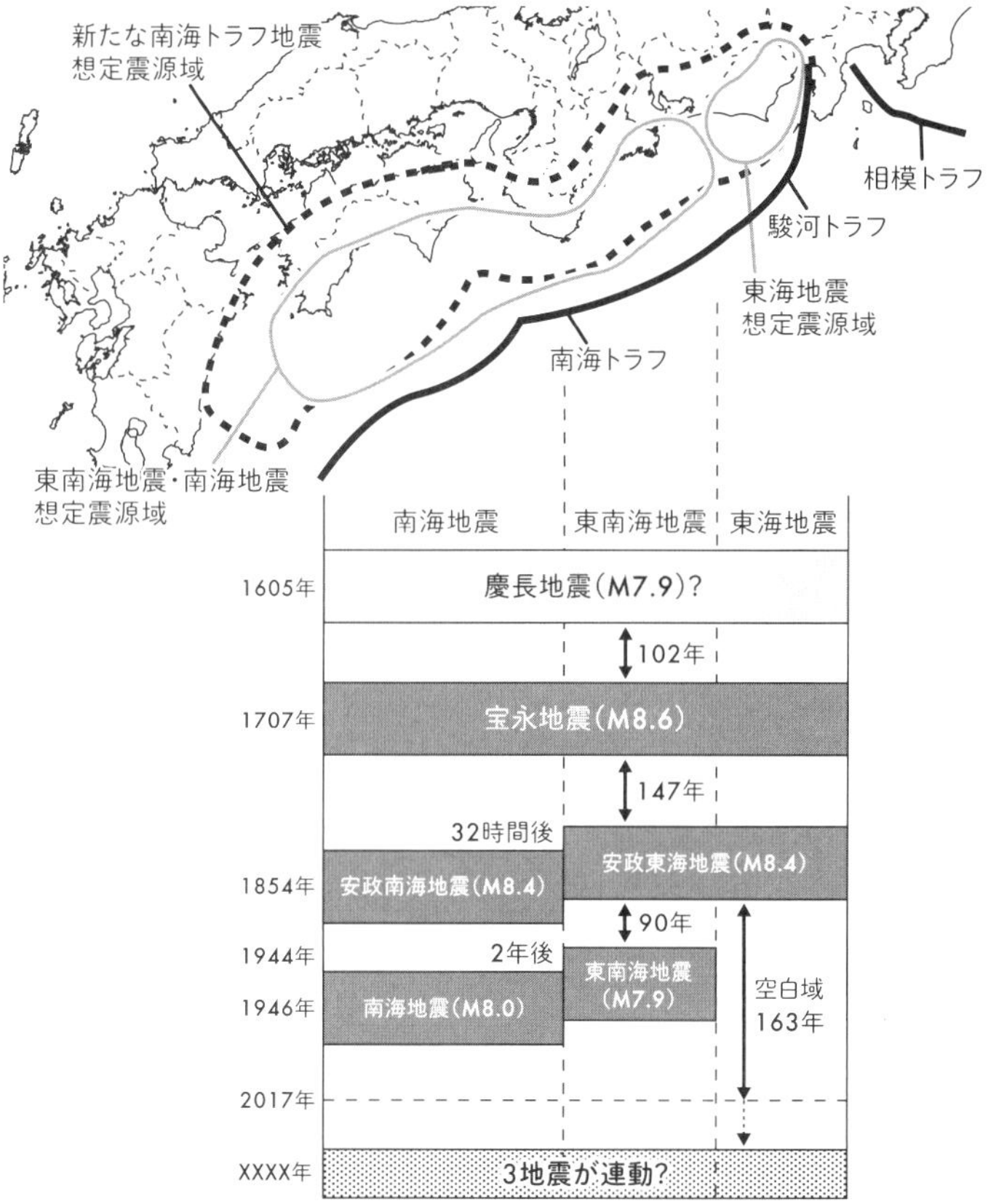


内閣府ホームページ／南海トラフ巨大地震対策検討ワーキンググループ
「南海トラフの巨大地震による津波高・震度分布等」(平成24年8月29日発表)、
南海トラフ地震対策「東海地震、東南海・南海地震対策の現状」をもとに加工

＊ 近年、過去の南海トラフでの地震の解釈がいろいろ進み、地震間で震源域を棲み分けているとの指摘もあり、その場合には発生間隔はもっと長くなります。とはいえ、いずれはやってくる地震です。

南海トラフ地震の前後には、内陸でもたくさんの地震が起きています。また、宝永地震の49日後には富士山が大噴火しました。安政地震前後は1853年から1858年の間に、全国各地で10を超える大地震が起き、江戸を襲った暴風雨やコレラの流行なども重なって江戸時代の終焉につながりました。

安土桃山から江戸へ、元禄から享保へ、江戸から明治へ、そして大戦の時代から終戦へ。地震は大きな歴史的転換のときと重なります。1923年の関東大震災（大正関東地震）から昭和の東南海、南海地震を挟んで1948年の福井地震までは「災害と戦争」の時代でした。

戦後は地震活動も落ち着いたように見えました。逆に、都市部を襲う大地震がなかったので、平和な時代が続き高度経済成長を遂げられたとも言えます。しかし、高度成長期が終わったとたんに阪神・淡路大震災（兵庫県南部地震）があり、東日本大震災（東北地方太平洋沖地震）にも見舞われました。それから、熊本地震をはじめ大小の内陸地震、新燃岳や御嶽山などの噴火が毎年のように発生しています。大地が激動の時代に入ったように見える今の日本の姿は、過去の南海トラフ地震の時代と重なるように感じないでしょうか。

ただし、次の震災の様相は、今までとワケが違います。

東日本大震災は、海溝近くの「浅い領域」も50メートルほどもずれました。これまで海溝型の地震は、「やや深い領域」がずれるものだと考えられてきました。浅い領域がこれだけ大すべりをすると、津波は巨大なものとなります。巨大地震では、超高層ビルの揺れを増幅させる長周期地震動もたっぷりと放出されます。こうした東日本の断層破壊過程のメカニズムを南海トラフ地震に当てはめると、過去に検討されていた震源域は遥かに広がり、津波は巨大化、高層ビルの被害からも目を逸らせなくなることが分かってきました。

人口が各地に分散していた時代と異なり、現代は人口の半分が東京や大阪な

＊ すごく大雑把に言って、かつては「海のプレートと陸のプレートは、浅い部分と深い部分はあまりきっちりとくっついておらず、真ん中辺の部分がしっかりくっついている」と考えられていました。「真ん中辺のくっついているやや深い部分がズリッと動いて地震を起こす」という意味です。ところが東日本大震災では浅い部分が広い範囲で動き、巨大な津波を起こしました。浅いところも実はくっついていて、ずれるのだということが分かりました。南海トラフ地震でも、これまでに考えられていた以上の津波が起きるかもしれません。

どの大都市に集中しています。安全な場所が不足して、堤防で守られたズブズブの地盤の上に高層ビルが建ち、電気やガス、水道、インターネット回線、地下鉄など、複雑に絡み合ったインフラに支えられています。

この現代日本を、最大クラスの南海トラフ地震が襲ったとき、内閣府の想定では死者は32万3000人。

これは決して大げさな数字ではなく、室町時代の南海トラフ地震である明応地震も大正時代の関東大震災も、今の人口に換算すれば死者は40万人を超えます。内閣府の想定は「関連死」を含んでいませんが、最近の地震では震災後の厳しい環境の中で亡くなる人が直接死より多いこともあります。関連死を含めれば100万人ぐらいになってしまう恐れも否定できません。

全壊や焼失をする建物は約240万棟。これは日本の新築家屋の数年分に相当します。震度6弱以上、または高さ3メートル以上の津波が沿岸部を襲うと想定される自治体の人口は5900万人になります。「日本人の2人に1人が

＊ 地震学者の武村雅之名古屋大学教授は「安心は安全の敵、心配は安全の友」と言っています。よく行政は「安全・安心」と言いますが、安全と安心は別物。安心感が大きすぎると何もしなくなります。

＊「関連死」が言われるようになったのは2004年の新潟県中越地震からです。車中泊によるエコノミークラス症候群などで亡くなった方がいました。今後の地震でこの問題はさらに大きくなると予想されます。南海トラフ地震の後は避難所の設営が行き届かず、被災者には過酷な環境となるかもしれないのと、今後、高齢化が進み災害弱者が増えるからです。

被災者になる」可能性があります。

復旧、復興も困難を極めるでしょう。被災予想地域は、自動車輸出の9割、製造業の6割を担っています。重要港湾は全部ダメになるかもしれない。石油やLNGが入って来なくなり、発電がストップ。水も電気がないとつくれないからダメ。便利な社会はそれを失ったとき、極端に悪い方向に走っていきます。製造業は連鎖してすべて停止するかもしれず、そうなれば世界は日本を見捨てて株は売り払われるでしょう。

南海トラフ地震は、これまでの地震の延長上で考えてはいけません。関東大震災の火災、阪神・淡路大震災の家屋倒壊、東日本大震災の津波……それらがすべてやってきた上で、新たな大都市の脆さが連鎖することでしょう。普通の地震が「リスク」だとすれば、次に起きるのは「カタストロフィー」、破滅です。

そんな光景は想像したくもないでしょうが、直視してください。すでに日本社会のあちこちから、警告は発せられています。

## 『シン・ゴジラ』が描いた災害

「福和さん、『シン・ゴジラ』観た？」

2016年のお盆休みに、親しい気象庁の防災担当者に言われました。映画が話題になっているのは何となく噂に聞いていましたが、なぜ突然そんなふうに薦められるのか、よく分かりませんでした。

彼は「福和さんは国の防災の仕事をいっぱいやっているんだから、あれを観て国の防災の実力を知っておいてくれないと困るよ」と言います。翌日、私は半信半疑のまま、久しぶりに妻と一緒に映画館に足を運んでみました。

暗闇の中に浮かび上がるシンプルなタイトルとゴジラの咆哮。しょせんゴジラ映画、と見くびっていた私の認識は、最初の20分間で吹っ飛びました。ゴジラの異様な姿や迫力だけでなく、それに対応する首相官邸や霞が関の様子が、「3・11」のときに私が聞いていた話そのものだったからです。

東京湾での海底トンネル崩落後、官邸に主要キャストが一堂に集まってさまざまな会議が開かれます。官僚の発言の簡潔さ、省庁の縦割り、会議の数、会議中に政治家の後ろから差し出すメモ……などの描写は実にリアルです。SNSなど不確実なものが排除される情報収集や意思決定までの手間取りなど、危機管理の現状が見事に描かれていました。

官邸に集まっていたのは内閣総理大臣、官房長官をはじめ主要閣僚や補佐する政治家、各省庁の官僚や自衛隊の幹部ら。後で確認すると、キャストの数はなんと328人。ほとんどが防災を支える役割を演じていました。一般の人はその人数の多さにびっくりするだろうと思いました。

逆に言えばそれだけの人々が役割を明確にし、お互いに協調することが災害

＊『シン・ゴジラ』の台本は映画の公式記録集『ジ・アート・オブ・シン・ゴジラ』の別冊付録で300ページ以上あります。映画では官僚は早口で何を言っているのかよく分からないのですが、台本を読めばどんな役職の人が何を発言しているのかがよく分かります。

対応には欠かせないのです。

官邸に届いた情報は主人公の矢口蘭堂・内閣官房副長官に伝えられ、想定外の「巨大不明生物」、ゴジラに対してどの法律に基づいて対応するかなどが議論されました。しかし、喧々囂々の会議に次ぐ会議をやっている間にゴジラが上陸、巨大化しながら暴れ出し、状況は目まぐるしく変わります。

ようやく「災害対策基本法」に則って対処すると決まり、官邸危機管理センターに官邸対策室を設置。各省庁から緊急参集チームが召集され、矢口官房副長官が事務局長を務める「巨大不明生物特設災害対策本部（巨災対）」が設けられました。

これらの手続きは1995年の阪神・淡路大震災で、政府の初動対応に遅れがあったことを反省して整備されたものです。内閣危機管理監や危機管理専門チームの招集、24時間態勢の内閣情報集約センターの設置、官邸危機管理セン

＊　災害対策基本法では、我が国の災害対策に関する事項を網羅的に記しています。この法律の理念に基づいて、政府の防災対策に関する基本的な計画を作成したものが防災基本計画です。『シン・ゴジラ』はこの法律に則って、合法的にゴジラ対応をしていました。

ターや緊急参集態勢などの対応が、映画でもきちんと反映されていました。

序盤の多くは官邸危機管理センター内の様子でしたが、ときどき体育館のような巨大な部屋が登場しました。有明の東京臨海広域防災公園内に実際にある施設の一室です。この公園は首都圏での大規模災害発生時の基幹的広域防災拠点として整備された場所で、現地対策本部や広域支援部隊のベースキャンプ、災害医療の支援基地などがあります。防災体験学習施設「そなエリア東京」も併設されていて、普段は啓発拠点の役割も担っています。

ここではさまざまな被害情報やテレビ映像などが大画面モニターに映し出されていました。被害の迅速で正確な把握は災害対応の基本だとして、情報収集態勢は阪神・淡路大震災以降、特に力を入れて整えられてきました。

しかし、まだ組織を超えた災害情報の共有化は十分ではありません。映画でも省庁経由の情報より、ＳＮＳの投稿やテレビ映像の方が遥かに先んじていました。今後の災害対応のあり方について、分かりやすい形で一石を投じていたと言えるでしょう。

# 映画が伝える日本人へのメッセージ

ゴジラが都心を破壊してからは「立川広域防災基地」に拠点が移されました。ここは都心から約30キロメートル離れた場所で、立川防災合同庁舎や陸上自衛隊立川駐屯地、災害医療センター、警視庁や東京消防庁の施設もあります。実際、都心での対応が困難になったとき、内閣府災害対策本部の予備施設が設置されることになっています。

東京都民の3分の1を避難させるという場面は、関東大震災を彷彿とさせました。当時も「東京市」の市民の3分の1が「疎開」したと言われています。今、これがどれほど現実的にできるのか。

将来の首都直下地震や富士山大噴火への対策のあり方を問うているように思いました。ですが、よく考えてみると、例えば東海道新幹線で1時間に輸送できるのは約2万人、1日で40万人程度ですから、都民の3分の1を運ぶには何日も必要になります。

＊ N700系新幹線の乗車定員は1323人。立ち席を含めて2000人だとして1時間に10本で2万人。1日20時間運行すると40万人です。

クライマックスではゴジラの動きを止めるため、血液凝固剤を注入することになります。ゴジラは核分裂反応によってエネルギーを得ていますが、それを維持するための「冷却装置」となっている血液を固めれば体内の活動も止まるだろうという狙い。もちろん、福島第一原発事故の暗喩です。

かなりネタバレのことも書いてしまいましたが、私はとても感動して、観終わった後、知人と同じように「防災の人間は観なきゃダメ」と薦めまくり、台本を取り寄せてディテールの「研究」も始めました。すると、地元のあるテレビ局が、映画の制作者と対談する機会を設けてくれました。

「なんであんな防災映画をつくったんですか」

と聞く私に、制作者はこう答えました。

「十数年ぶりにつくるゴジラは国民映画だから、日本人に伝えるべき最も大切なことをメッセージとして入れたいと思いました。だから東日本大震災であり、

＊　ゴジラを凍結させる作戦を映画で「ヤシオリ作戦」と言っていました。最初は意味が分からず、不思議な名前なので調べてみたら、須佐之男命（スサノオノミコト）が八岐大蛇（ヤマタノオロチ）に飲ませた「八塩折之酒」（ヤシオリノサケ）に由来すると分かりました。が、最後の最後、ゴジラの「尻尾の先」にまでメッセージが込められています。八岐大蛇のしっぽから出てきたのは熱田神宮に祀られている三種の神器の草薙の剣です。次回作が楽しみです。

原発事故であり、今心配されている巨大地震を彷彿させるような映画を描いたんです」

とても腹に落ちる言葉でした。その上で、私がこの映画から受け取ったメッセージを整理すると、以下のようになります。

- 縦割りの社会は「平時の組織」であり、巨大災害では危機管理能力には限界がある。
- きちんとしたリーダーシップを発揮すれば、あらゆる人が力を結集して問題解決に当たることができる。
- 巨大都市はやっぱり具合が悪い。
- 最新の科学技術も大切。でも限界もある。人間の力が大切。

これはまさしく首都直下地震であり、南海トラフ地震の光景。「見たくないものを見せる」とはこういうことなのでしょう。

## 「我がこと感」を持つために

ゴジラの話で取材を受けていたら、地元のある新聞記者から「『太陽の蓋《ふた》』という映画も観た方がよい」と薦められました。「3・11」から5日間、福島第一原発事故の官邸対応を描いた映画です。これも観てみよう、と映画館を探しましたが、なかなかやっていない。何とか近県のシネコンで上映しているのを見つけて、駆け込みました。

鑑賞してみると確かに、映画館が上映を渋る理由も分からなくありませんでした。演じるのは役者ですが、当時の菅直人首相や枝野幸男官房長官が実名のまま出てきます。民間人は微妙に名前が違いますが、各種の報告書などをもとに、事実を忠実に再現したようです。実にリアルで、観ていてつらいほどでした。

真偽のほどは分かりませんが、映画の中では、原子力安全・保安院長の言葉が今でも忘れられません。全電源が停止したとき、菅首相が「これはどういう事態なんだ。何が起こるんだ」と聞いたとき、保安院長はじーっと押し黙った末、「分かりません。私は東大経済学部出身であります」と発言したのです。私は思わず、「ああ、日本だ！」と心の中でつぶやいてしまいました。

1号機が水素爆発した後、原子力安全委員長は「アチャー」と言って頭を抱えていました。その姿は、われわれ科学者の現状をイメージさせます。

後で詳しく書きますが、私は建設会社に勤務していたとき、新潟の柏崎刈羽原発7号機の原子炉建屋の設計に関わりました。3・11の後で水素爆発の一報を聞いたとき、「エーッ、まさか」と思いました。建物のことしか知らない私には水素爆発は想像が及ばないことでした。

その反省も込めて、「今の日本って、こうかもしれない」と思わせる映画でした。

官邸の能力や民間企業の実情、科学の限界、人間の力、日本人とはどうあるべきか……。普段あまり考えないことを気づかせてくれるという点で、こうした映画は見たくないものを見るにはものすごい力があることが分かりました。

この2本の映画を、ただ漫然と観ていた人も多かったでしょう。それを責めるつもりは全くありません。ご覧になった人たちに、「こんなメッセージがあったよ」と語り掛けると、びっくりして頷いてくれます。これも防災の日常化につながります。

NHKの大河ドラマ『真田丸』でも、日本の歴史を変えた1586年の天正地震や1596年の慶長伏見地震が描かれていました。これらの地震で我が国の歴史が大きな影響を受けたように感じます。このように、日常の生活の中で、防災が出発点ではなくても、大事なことがいろいろと分かるのです。

繰り返しますが、南海トラフ地震は必ずやってくると、国も言っています。そして歴史から学べば、私たちのやるべきことは自ずと浮かび上がってきます。今の日本人は、まだ何とか対応できるお金も知識も持っています。そして知恵もあるはずです。

そんな国民が何もやらずに30～40万人の犠牲者を出し、日本経済の破滅に端を発した金融不安で、世界を破綻に陥れるようなことになったらどうなるでしょうか。世界の人たちは、私たちを助けてくれるでしょうか。また、将来のある子どもたちを巻き込んでしまってよいのでしょうか。そんなことをしたら、今の現役世代は、歴史上最もダメな人たちと非難されることになってしまいます。まだ残された時間があると信じ、少しでも被害を減らす取り組みをすべての人が始めるべきではないでしょうか。

# 1章

# 危険な都市、危ないビル

# 地盤と大都会

## 「たらい」に浮く大都会

地震や建物は規模が大きく話が専門的になりがちですので、私は身近なものを使った実験をよくします。

まずは大きな「たらい」を用意してください。そこにたっぷりの水を、あふれない程度に入れてみます。そして外側を強くトンと叩くと、水面に波紋が広がるでしょう。でも、すぐに波は消えてしまいますね。

では、たらいのへりを持って、何度も揺さぶります。すると水面に立った波は、へりに当たってまた波立って、どんどん揺れが大きくなって、揺するのをやめてもなかなか消えていきません。

このたらいを、関東平野に見立てることができます。たらいのへりは東京を取り巻く神奈川や群馬の山々。水は東京の街を支える地盤です。水が地盤だなんて、おかしいと思うかもしれません。しかし、地球全体から見れば、関東平野をはじめとした日本の平野部にある主要都市は、水の上に浮かんでいるようなものなのです。

1985年にメキシコでミチョアカン地震という大地震がありました。メキシコ市では21階建ての高層ビルが倒壊するなど、多くの高層ビルに被害が出ました。メキシコ市は震源から400キロメートルも離れていたのに、なぜこの惨事になったのでしょうか。メキシコ市はハワイと同じ緯度で熱帯に位置するため、暑さを避けて内陸の高地にあった湖を埋め立てて開発された都市。たらいの水のように地盤がゆらゆらと揺れたのです。

地球の表面はいくつかの大きな岩盤に分かれているという話は聞いたことがあるでしょうか。「プレート」と呼ばれるその岩盤は、地球を卵に例えると、

＊ 本書を執筆中だった2017年9月19日（現地）にM7・1の地震が起き、震源から120キロメートル離れたメキシコ市で再び大きな被害が出ました。32年前と同じ日、記念式典の後に強烈な揺れが襲ったのです。

卵の殻に当たります。殻は大きく十数枚に分かれていて、卵の白身に当たるマントルの上に乗りながら、ベルトコンベヤーのように移動します。アメリカやロシア・中国、ヨーロッパ、オーストラリアやアフリカ、南極などは、かつての超大陸がバラバラに分かれて、今の場所まで移動してできた大陸です。

一方、日本の国土は四つのプレートが「おしくら饅頭」のようにぶつかりあっているところにあります。四つのうち二つは大陸を構成する陸のプレート、もう二つはほとんどが海底にある海のプレートです。海のプレートは重いため、陸のプレートの下に潜り込んでいきます。日本の太平洋側で潜り込んだところにあるのが、日本海溝や南海トラフなどです。プレートが接する場所の付近では、強い力が働き大きな地震が繰り返し起きます。

海のプレートの上には海の中のごみ（プランクトンの死骸やサンゴなど）がたくさん積もっていきます。そのごみや海山を乗せて海のプレートが陸のプレートの下に潜り込むため、上に乗ったごみは引っかき出され、海溝の脇にどんどんたまっていきます。

＊ 大陸は何億年の間に集まったり、バラバラになったりします。序章の脚注で説明したウェゲナーは、大陸が分裂・移動する前に、超大陸、パンゲアが存在したと想定しました。今は分かれた大陸が集まっている時期に当たるとされます。

## プレートと付加体

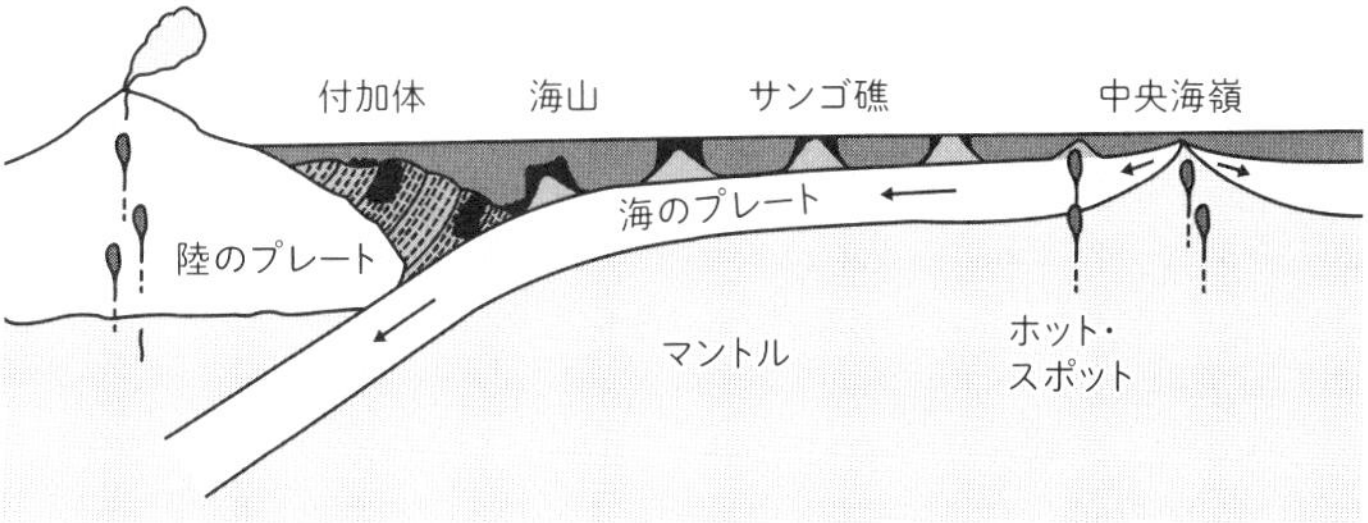


## 日本列島周辺のプレート

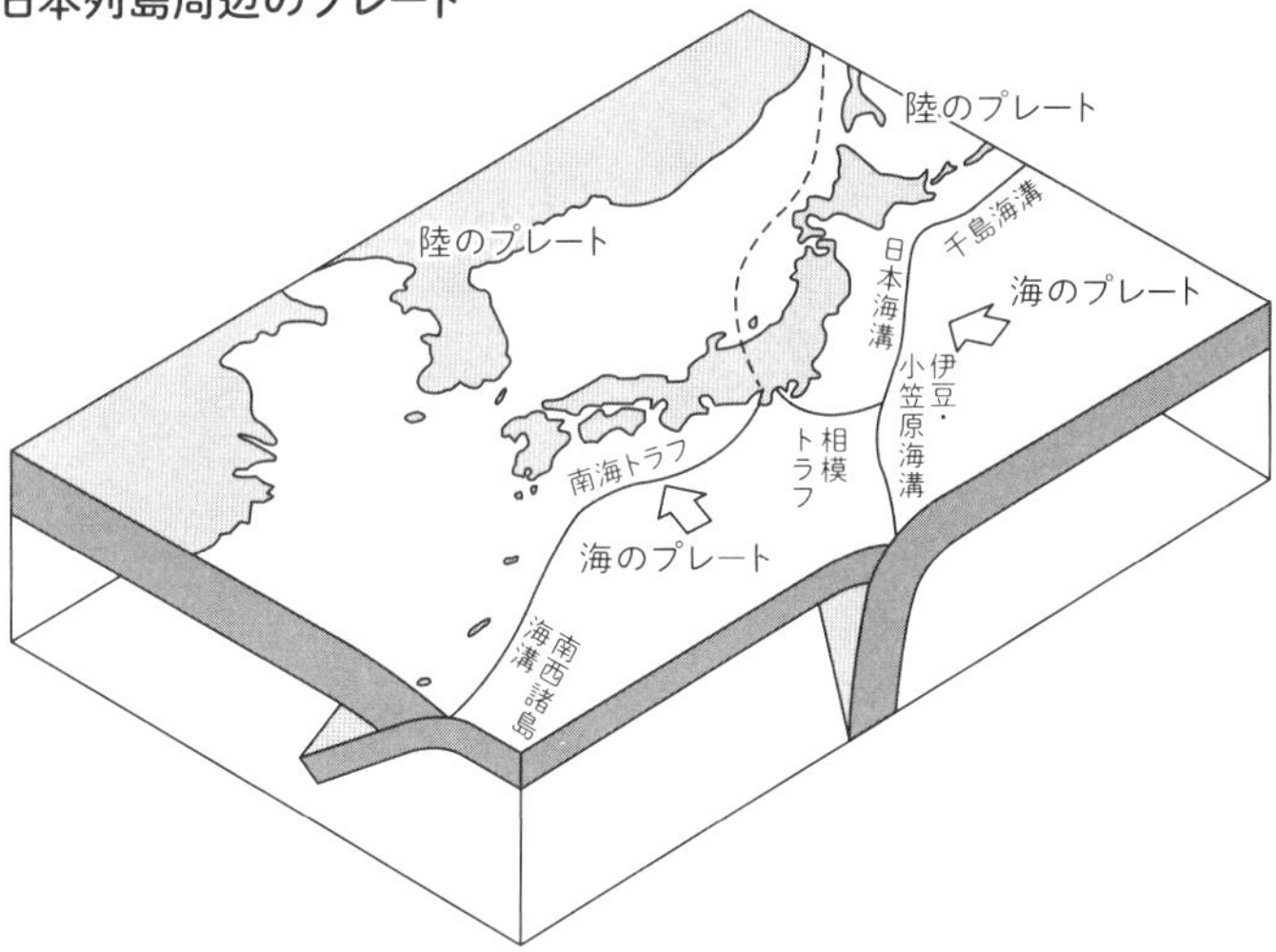


地震調査研究推進本部「日本列島周辺のプレート」をもとに加工

このごみがたまってできたのが付加体と呼ばれるもので、他ならぬ私たちの日本列島をつくってくれています。自分たちの国がごみためだなんて、残念な気もします。でも、セメントのもとになる石灰岩がたくさん産出されるのは、このごみが主成分です。ごみも使いようというわけです。

## 日比谷、丸の内は入り江だった

日本列島は海の中のごみや火山の噴出物でできているので、成り立ちからして地盤が脆弱です。岩盤でできた大陸とは全く違う脆い国土の中で、日本人はさらに地盤の軟らかい沖積低地（川が運んだ砂や海に沈殿した粘土でできた平地）や干拓地、埋め立て地に都市を広げてきました。

東京も大阪も名古屋も、街はかつて海だった地盤の軟らかい場所に広がっています。こういう場所は揺れが強くなったり液状化したりします。いったん揺れたら、たらいの水のようにいつまでも揺れが収まらない場所。その上に、揺れやすい高層ビルを好んでつくっています。どうしてこんなことになってしまったのか、歴史を振り返ってみましょう。

安土・桃山時代の東京には海が入り込み、たくさんの水辺がありました。日比谷や丸の内付近は今の皇居の方に向かって細い入り江になっていました。日比谷の「ひび」は、海苔を育てるために海中で建てた木や竹を意味するようです。

徳川家康は江戸の町を広げるため、神田の山を削り、日比谷の入り江を埋めさせました。埋め立ては天下普請として外様大名にやらせ、大名をそこに住まわせて町にしました。

しかし、江戸時代後期の1855年に、東京湾北部を震源とするM7と推定される安政の江戸地震が発生しました。日比谷入り江の埋め立て地の屋敷は倒壊。大名小路（現在の丸の内付近）にあった55家はすべて何らかの被害を受けました。上野や浅草、日本橋周辺などで火災も発生し、1万人前後の死者が出たと

＊『日本大百科全書』には「江戸以前には比々谷とも記し、日比谷入江とよぶ東京湾の続きであった。地名は魚やのりをとる篊《ひび》に由来するという」とあります。

**古い時代の東京（江戸）の姿**

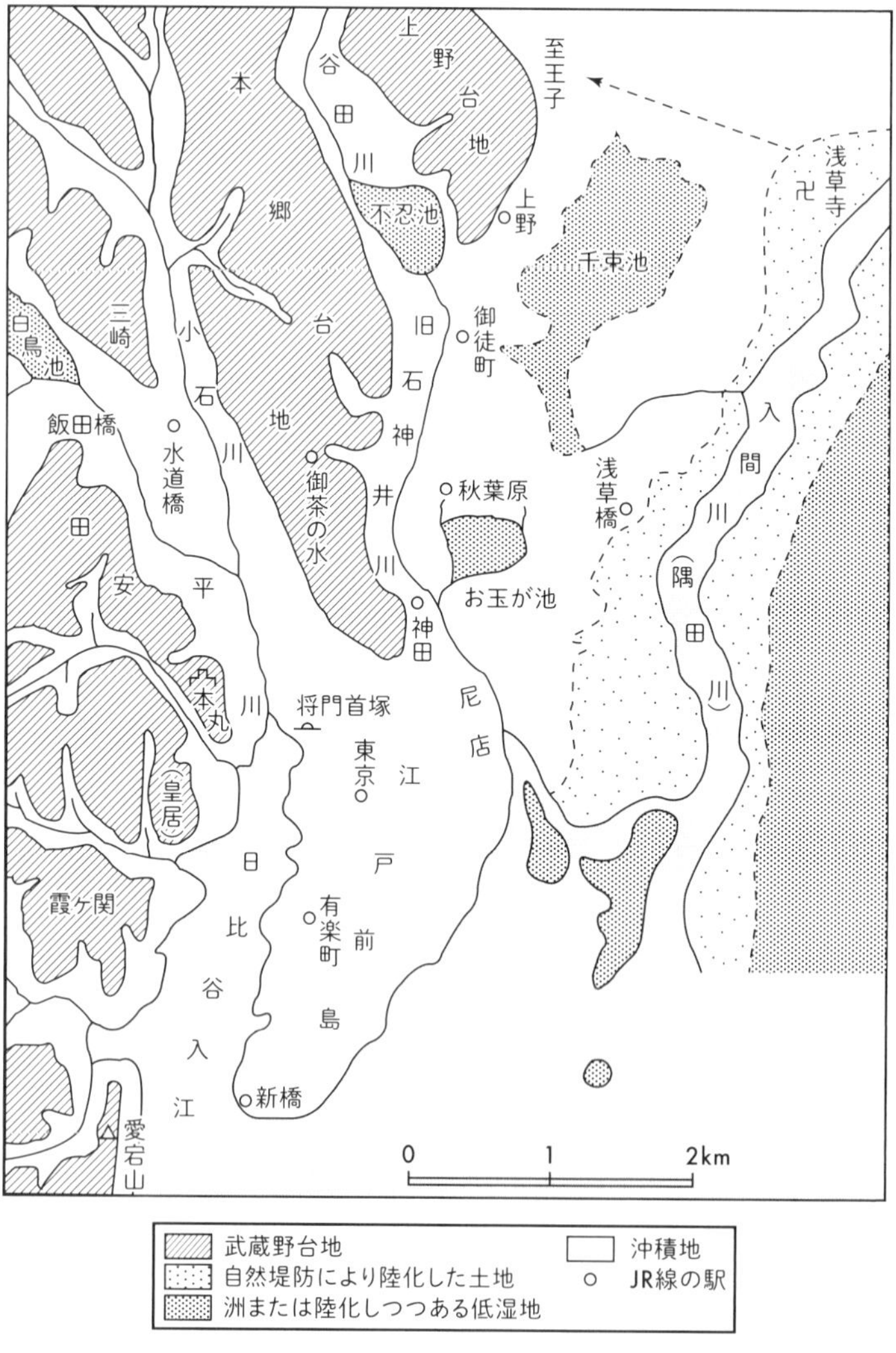


『江戸はこうして造られた』（鈴木理生著、ちくま学芸文庫）をもとに加工

されています。

明治になると、日比谷周辺に官庁街をつくる計画が持ち上がりました。しかし案の定、地盤はズブズブで簡単に建物はできません。現在、法務省の赤レンガ庁舎がある辺りが、当時の技術でビルが建てられる限界でした。

地盤改良などに莫大な金がかかると分かった明治政府は、官庁街を諦め、日比谷公園をつくりました。そのおかげで、都会のオアシスが残ることになりました。また、政府は金に困っていたので、三菱の2代目当主、岩崎弥之助に練兵場だった丸の内一帯を売り払いました。岩崎は巨万の富と当時の最新工法を駆使して、丸の内にビル街を開発。「三菱ヶ原」とも呼ばれたその地区は明治から大正期を通じて栄えました。しかし、1923年に関東大震災が起こり、丸の内のほとんどのビルが倒壊しました。

関東大震災は東京直下の地震ではありません。震源地は相模湾北部でずいぶん離れていましたが、埋め立て地や干拓地、沖積低地は強く揺れました。ただ

＊ 武村雅之名古屋大学教授が推定した関東大震災の東京の震度分布図では、飯田橋・水道橋から九段下、竹橋、大手町、丸の内、日比谷、新橋、虎ノ門、溜池、赤坂見附にかけて強い揺れの地域が帯状に存在しています。

し、後に東京タワーを設計した内藤多仲による鉄筋コンクリート造の日本興業銀行本店は残り、その耐震設計方法が世界で初めて市街地建築物法に耐震基準を導入するきっかけとなりました。

## 谷底を走る中央線

こんな入り江や川を埋め立てたところに、日本の中枢機能である官庁や大企業のオフィスビルがひしめき合っています。情報を伝える会社、我々がお金を預けている会社、保険をかけている会社などの本社が集中しています。高層ビルで埋め尽くされ、その最上階でふんぞりかえっているのが社長さんたち。気象庁や東京消防庁などの防災官庁、新聞社の本社もズブズブ地盤の上に建っているのに、ビルの外から見える室内の什器の転倒防止は不十分。田舎者の私には「おバカさん」に見えます。

東日本大震災で天井が落下し、2人が犠牲になった九段会館は、江戸時代末

＊ 内藤多仲［1886〜1970］は日本の耐震基準のもとをつくった建築家です。東京タワー、名古屋テレビ塔、二代目通天閣、別府タワー、博多ポートタワー、さっぽろテレビ塔の設計に関わり「塔博士」と呼ばれます。日本が貧しかった時代に材料を節約し、例えば東京タワーはパリのエッフェル塔に比べて遥かに少ない材料でつくられました。

＊ 関東大震災の推定震度分布図の「強い揺れの帯」で飯田橋から竹橋にかけては江戸以前には、大池から平川が流れていた場所に当たります。大手町から新橋は日比谷入り江があった場所、虎ノ門から赤坂見附はため池があった場所になります。

期の地図を見ると「池の上」でした。首相官邸の隣にあるのは「溜池」という地名。東京スカイツリーは関東大震災で最も大きな被害のあった土地に建っています。私はあの展望台に上るときは少し緊張します。

東京の街に張り巡らされている鉄道からも、危険サインが見えてきます。

明治時代、うるさくて煙を出す蒸気機関車は嫌われものでした。そのため、鉄道はたいてい地盤の悪い街外れに通しました。現在のJR中央本線は川筋や谷筋を通っており、駅名は「神田」「御茶ノ水」や「水道橋」「飯田橋」「市ケ谷」「四ツ谷」「大久保」「荻窪」など水や谷に関係したものばかりです。京浜東北線の「田端」付近は崖の下。「品川」駅も、もともとは海の

神田・錦町河岸交差点

中でしたが、堤防をつくって通したのです。墨田区や江東区などの海抜ゼロメートル地帯は、もっと心配です。

## 危険度世界一

郊外も、台地が河川で削られた谷は危険です。新宿から小田急線に乗って車窓を見ていると、トンネルに入ったり高架になったりして、丘陵の起伏が体感できます。丘陵地の住宅地を見ていると、崖にへばりついている家屋や、斜面を切り盛りした跡に建っている家屋が見えます。大雨で土砂崩れが起きたらどうなることでしょう。

ホームドラマで、郊外の家の主人が出勤する光景は、決まって駅に下る坂道。それは駅が低地にあることを示しています。最近は駅の近くに高層マンションがニョキニョキと建っていますが、その足元は大丈夫でしょうか。

スイスの再保険会社「スイス・リー」が2013年に公表した自然災害危険

＊　関東大震災の推定震度分布図で東京駅の東側の銀座や日本橋の揺れはあまり強くありませんでした。この場所は、上野や本郷の台地の延長に位置する前島にあるため、地盤も相対的に堅いからです。

度が高い都市ランキングで、世界ワースト1位は「東京・横浜」でした。2位はフィリピンのマニラ、3位は中国の珠江デルタ、4位が大阪・神戸、6位が名古屋という結果です。災害の頻度が多いだけでなく、一都市圏に3000万人以上が密集しているのは先進国で日本の首都圏だけです。脆弱な土地にますます人や建物が集中し続けるこの国の行く末が心配です。

## 大阪の町は海だった

もう一つの大都市、大阪の成り立ちを見てみましょう。時代は縄文にまでさかのぼります。

現在の大阪市の中央部に当たる上町台地は縄文時代、西側の大阪湾の海に対して半島のように北に伸び、東側の河内の内海を仕切っていて、台地の北側は大阪の海と河内の海がつながっていました。そこは干満で潮の流れが速く、

「浪速」の語源になったとも言われています。内海は次第に湖となり、「河内湖」と呼ばれるようになりました。その後、河内湖も干上がり、陸地になって大阪平野に。しかし、上町台地の西側はずっと海のままでした。

織田信長が攻め入ったころは、上町台地の北端に石山本願寺がありました。北には淀川の本流が流れ、南からしか攻められない天然の要害でした。信長が本願寺を攻め落とした後、豊臣秀吉が大坂城を築城。秀吉亡き後は徳川家康が「大坂の陣」で落とそうとしますが、真田幸村（信繁）が「真田丸」を築いて守りを固めたのが城の南側という位置関係です。

家康が勝って天下泰平の時代になって、大坂は天下の台所になります。上町台地の西側の海は埋め立てら

### 上町台地の古地図

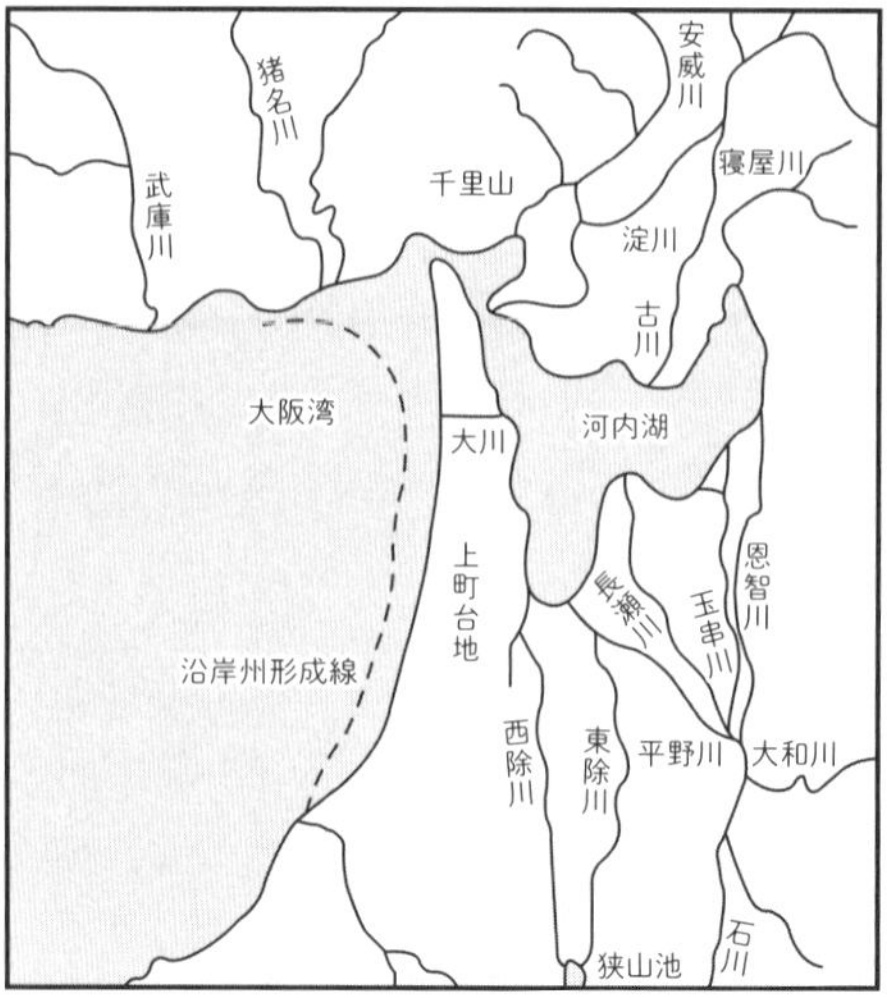


大阪府　都市整備部
西大阪治水事務所

れ、運河が張り巡らされていきました。こうして八百八橋と言われる商都ができました。地震・液状化や津波、水害に弱い土地ですが、商売の町であって生産拠点ではないので、災害が起きたら逃げればよいという考えがあったのでしょう。

## 「石碑に墨を入れるように」

しかし、江戸時代の大坂を襲った地震津波は、とても逃げられるようなものではありませんでした。

1707年の宝永地震は東海・東南海・南海地震が連動する超巨大地震でした。西日本各地に強烈な揺れと大津波が押し寄せ、大坂だけで2・1万人以上が亡くなったとされています（尾張徳川家に残る『朝林』による）。

1854年には安政の南海地震が発生。5カ月半前に起きた伊賀上野地震で火事があったのを教訓に、大坂の人々は火災を避けようと舟に乗りましたが、

＊ 古くは大阪は「大坂」と表記されました。室町時代中期の文書にみえるのが最初です。「大阪」の字を用いるようになったのは江戸時代後半からで、明治以降行政地名となりました。

湾内で津波に押し流された大きな船が街中の橋にぶつかり、壊して回ったそうです。

現在の浪速区の大正橋のたもとには、当時の被害を記した石碑（大地震両川口津浪記石碑）が建てられ、次に津波が来ても「決して船で逃げようと思うな」と警告し、「この石碑の文字がいつも読めるように、毎年この石碑の文字に墨を入れるように」と戒めています。

今でも毎年、墨は入れられています。しかし、残念ながら現在の大阪の街は、歴史の教訓に学んでいるようには見えません。前回、１９４６年の昭和南海地震では大きな津波が来なかったので、災害の歴史が忘れられているのかもしれません。

かつては海の中にあり、今は淀川の支流の中洲であ

大地震両川口津浪記石碑

る中之島などは気になります。市役所があり、銀行やマスコミや電力会社の本支社が集まっています。ビルの地下には非常用発電機など、ビルを維持するために大切な機械やインフラがありますが、高潮や津波のときにどう対処するのか、不安が残ります。

地形を見ると、大阪湾の入り口の紀伊水道は津波に「入ってきなさい」という格好をしています。南海トラフの巨大地震が起これば、津波は淡路島と紀伊半島の間の紀淡海峡をぬって、漏斗で吸い込まれるように大阪の街にやって来るでしょう。ただし、第一波が到達するまでには1時間以上かかります。堤防は万全ではないので、海抜ゼロメートル地帯は津波到達前に浸水するかもしれません。昔にならってしっかり「逃げる」必要があります。

## 「水田に工場をつくるな」

私の大学がある名古屋は、東京や大阪に比べれば、まだましな方です。

＊ 大阪の主要上場企業の本社所在地と、安政南海地震の津波で水没した場所はきれいに重なっています。地名を見ても、ミナミは難波、中心市街地は中之島、船場、立売堀と水に関係する字が多い。

＊ 名古屋は渥美半島が津波を防ぐ格好をしています。東京湾も三浦半島と房総半島が、湾の入り口を狭くしており津波が入り込みにくい格好です。

織田信長が居城とした清洲城は、名古屋市の北西にある清須市、濃尾平野の真ん中にありました。五条川ほとりのそこはズブズブの地盤で、大地震では地盤が液状化します。名古屋大学には１５８６年の天正地震で液状化した清洲城の地盤が剝ぎ取られてそのまま展示されています。清洲城の瓦も見てとることができます。

その後、天下を獲った徳川家康は、こんなところでは西からの攻めに守れないと清洲を見限り、熱田台地に城下町ごと移して名古屋城を建てました。この震災前高台移転とも言える「清洲越し」が名古屋の出発点、つまり防災が名古屋のまちづくりの原点だったのです。

県庁や市役所がある三の丸地区は、良好な地盤の城郭の中にある広大な官庁街です。繁華街の栄は、焼け止まりとして万治の大火の跡につくった広小路や、戦災復興でつくった百メートル道路などの大通りが縦横に走っています。整然とした街並みゆえに、面白みのない街と揶揄されることもありますが、防災面では大きな強みなのです。しかし、最近は、ズブズブ地盤の名古屋駅前に街の中心が移ろうとしています。先人たちの教えはどこに行ってしまったのでしょうか。

トヨタ自動車の創業者である豊田喜一郎は、「水田に工場をつくるな。原野につくれ」と言って三河の丘陵部に工場を建てたそうです。海外の工場も同様で、2011年にタイで大洪水が発生したとき、現地に三つもあったトヨタの工場は、すべて直接の被害を受けなかったようです。

日本の高度経済成長期には、未利用地を有効活用しようと、各地で急激な開発が進みました。今一度、こういった場所の安全度合いを吟味する必要があります。

新潟駅から上越新幹線の上り列車はまっすぐ南西部にある長岡市の方へ向かって発車しますが、在来線のJR信越本線の上りはいったん東側に大回りし

＊ この70年間大きな地震が起きた地域を見てみると、残っている場所は見事に東京と大阪と名古屋です。それなのに地震は来ないことにして、今の時代をエンジョイしているのが我々です。

てから、同じく長岡市の方に向かって発車します。なぜでしょうか。信越本線建設当時にまだ土木の技術力がなく、軟弱な地盤を通せなかったからとみられています。

新潟は、「潟」という地名が表すように信濃川によってつくられたズブズブの土地です。かつて、人々は泥田の中に胸まで浸かって田植えをしてきました。沼田、深田、蓮田といった地名からかつての風景を連想してみてください。新幹線をつくるときには杭を打つ建設技術を利用して、上越新幹線は新潟駅を西に出るルートで東京へ向かうことができました。

こんなことからも、土地と防災の関係を読み取ることができるのです。

## バス停は正直だ

これまでの話からお分かりのように、地名はその土地の災害危険度のヒント

＊ 新潟市新津鉄道資料館によると、明治29～30年に信越本線の前身の北越鉄道が敷設された際、越後平野では地盤の悪い沖積平野の中央ではなく、東側の山地・丘陵のへりに沿ったルートが選ばれたため、今のようなルートになったそうです。1970年代に建設された上越新幹線は、土木技術の進歩により沖積平野を直線的に縦断するルートを採用しています。

新潟平野と同様、木曽三川が流れる濃尾平野も江戸時代、東海道は陸路を通すことができず、熱田の宮から桑名まで海路七里を渡りました。

をくれます。もともと地名は、人の名前や事物の名前のほか、地形の特徴や災害の教訓をもとに付けられているからです。

水に関係する地名は分かりやすいでしょう。「浜」や「洲」「岸」「淵」「浦」などは海岸や水辺であった場所を、「川」「河」「江」「瀬」などは河川が流れていた場所と推定できます。「谷」や「窪（久保）」「梅」は谷地や窪地を埋め（梅）たか、山側であれば土砂崩れの多発地帯であったとみられます。

名古屋駅近くの「泥江《ひじえ》」。大阪駅のある場所は田んぼを埋めた「梅田（埋田）」。「蛇」とか「竜」も土砂崩れや水害の常襲地帯の可能性が大きいでしょう。そんな場所が「光が丘」や

## 地名で分かる土地の災害危険度

| | | | |
|---|---|---|---|
| 良好地盤地名 | | 山 | 山、丘、嶽、峰、嶺、尾、根 |
| | | 台地 | 岡、丘、台、坂上、阪下 |
| | | 高・上 | 高、上 |
| | | 自然堤防等 | 曽根、崎、埼、碕、岬、塙、鼻 |
| | | 傾斜 | 坂、阪、段、乗越 |
| | | 植生 | 森、林 |
| 軟弱地盤地名 | 水関連 | 河川 | 川、河、江、瀬 |
| | | 湖沼 | 池、袋、湖、沼、淀、澱 |
| | | 湧き水 | 泉、井 |
| | | 波 | 波、浪、潮、汐 |
| | | 浜辺・干潟 | 浜、洲、州、須、潟、須賀、須加 |
| | | 海 | 海、塩 |
| | | 水際 | 淵、縁、渡、島、岸 |
| | | 入り江 | 磯、浦、湾、入、杁 |
| | | 人工物 | 堤、橋、船、舟、津、港、湊 |
| | | 水の状態 | 水、浅、深、澄、淡、流 |
| | | 植物 | 葦、葭、蘆、芦、菅、蒲、荻、萩、蓮、藻、竹 |
| | | 水鳥 | 鴨、鷺、鶴、鵜 |
| | | 水生生物 | 貝、亀 |
| | 低湿地 | 窪地 | 窪、凹、久保、坂下 |
| | | 低湿地 | 谷、沢、洞、迫、渓、湫、久手、泥 |
| | | 低地 | 低、下 |
| | 農耕地 | 田地 | 田、野、原、代 |
| | | 開墾地 | 新開、墾、針、張、播、治、春 |
| | | 農作物 | 稲 |

要注意です。

「希望が丘」「緑が丘」といった今どきの地名のニュータウンに変わっていたら

私の研究室で２００９年に東京、名古屋、大阪の三大都市圏にある３０００以上のバス停の名前を調べました。町名などに比べて駅名などは変わることがまれで、特に数が多いバス停は、地元住民になじんだ通称地名がよく使われています。住所の「字《あざ》」名からとっていることも多く、土地の特性を含んだ地名が多く見られます。

調査の結果、固く締まり、水はけのよい良好地盤のバス停には「山」や「台」「丘」などの漢字が含まれ、地震時に揺れやすく、液状化の恐れもある軟弱地盤には「沢」「池」「沼」などが使われている傾向が分かりました。大都市ではバス停が５００メートルに一つはあります。詳細な危険度地図ができます。

それらを地図に落とし込んでみると、標高や過去の地震による震度の大きさなどと地名が見事に対応しました。ハザードマップと重ねると、納得感のある防災地図ができたのです。皆さんも身近なバス停の名前を手始めに周辺の安全点検を始めてみてはいかがでしょうか。

私は千葉県の「津田沼」という地名を気に入っています。明治の町村合併のときに、中核となった谷津、久々田、鷺沼の3村の地名から1字ずつを取ったそうです。災害危険度の高い漢字だけをあえて組み合わせた、先人の知恵を感じます。「西東京市」「東大阪市」「北名古屋市」などという地名を付ける現代とは対照的です。

## 谷を埋めたところに住むな

現代人は地名だけでなく、地形に対する感受性も失ってしまいました。ですが、技術が発達したおかげで、インターネットで簡単に地形をチェックできる時代になりました。国土地理院の「デジタル標高地形図」は、安全な土地と危険な土地が一目で分かるデータベース。「治水地形分類図」も同様で、旧河道や後背湿地、自然堤防などが現在の地図と重ね合わせて見られます。明治時代に陸軍がつくった「迅速測図」などをもとに低湿地を抽出した「明治期の低湿地データ」も国土地理院が提供しており、液状化の可能性を調べるときに有効です。

これらを駆使して、自分の住む地域のどこに河道があったか、ため池があったかなどを調べてみましょう。池や沼、河川や運河を埋め立てたところは液状化しやすく、昔から集落があったところはだいたい安全です。平安時代の「延喜式」の神名帳に名前が載っている神社（式内社）は、多くは地盤の良いところにあります。今よりも海水面が数メートル高かった縄文時代の貝塚

**山谷の造成**

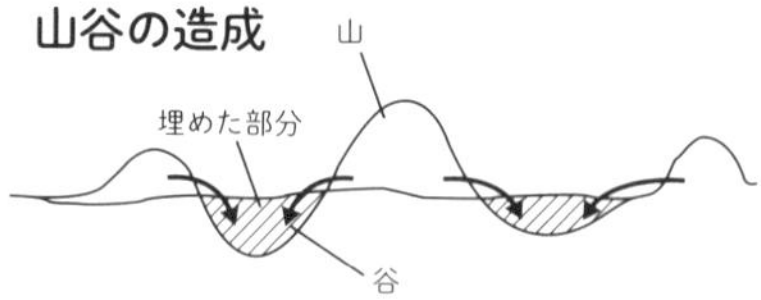


**斜面の造成**

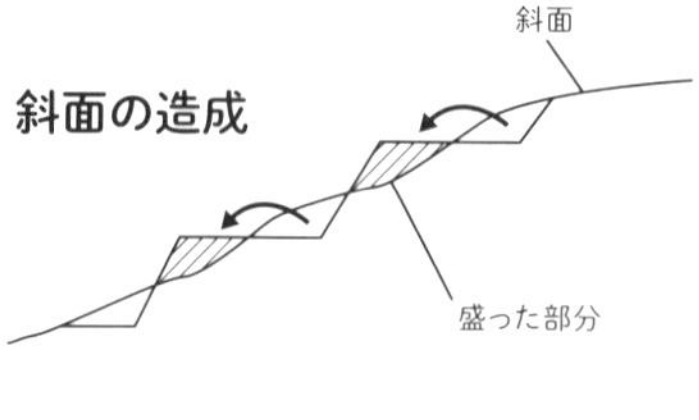


**谷につくるため池**

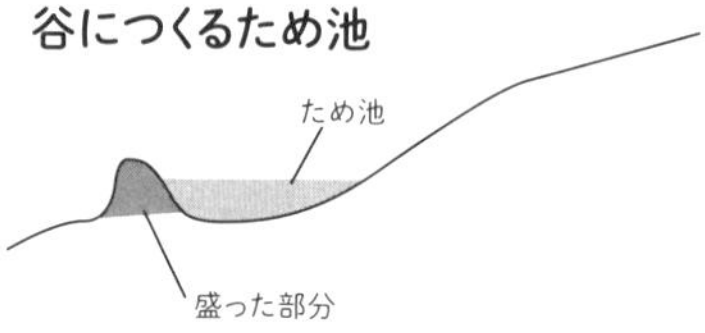


＊ 国土地理院のデータには航空写真もあり、米軍が戦時中や戦後に空撮したものがあります。昭和の東南海地震の直後、尾鷲を写した写真には打ち上げられた船が写っています。液状化の跡も見てとれます。

のあるところも良い場所です。

山を切り盛りした地域では、山を切り取った部分に住み、谷を埋めたところには住まない方がよいでしょう。切ったところと埋めたところの境目も、地中に埋設した水道管などが地震で損傷しやすいリスクがあります。

## ため池と干拓地

ため池は日本中にあり、昔から地元の人たちが管理してきました。しかし、今は農家や農地の減少で、きちんとした管理が難しくなっています。東日本大震災では、福島県でため池が決壊し、死者も出ました。全国にまだ約20万カ所あると言われ、ため池の下流に住んでいる人たちにとっては、よそごとではありません。

干拓地は、海岸部が遠浅になったときに堤防で仕切ってできた土地で、海抜

＊ ため池と同様に危険なのが亜炭鉱や磨き砂採掘の跡です。亜炭は燃料としての価値は低いのですが、戦後の一時期使われました。さびや汚れを落とすのに使われる「磨き粉」を採取した後の穴も残っています。住宅地の下にもあるのですが一般に知られていません。

＊ 2017年の九州北部豪雨でも、ため池の決壊で下流部が甚大な被害を受けました。

ゼロメートル地帯です。最初は塩田として塩をつくり、陸地に塩を運んだので「塩の道」ができました。名古屋の「汐田」や「塩付通」「塩釜」などの地名にはそのころの名残があります。かつて東京湾にも行徳塩田が市川市から浦安市にあり、江戸時代は小名木川で塩を江戸に運んでいましたが、100年前の高潮で壊滅的な被害に遭いました。一般に、塩田はその後に水田となり、さらに工場や住宅地に変遷していきます。

土木技術が発達すると、土を盛ることで埋め立て地をつくることができるようになりましたので、干拓地より高い標高になります。ただし、高度成長期の埋め立て地は、海の中に入れたサンドポンプで砂と水を吸い上げてまくという工法でした。けっこう荒っぽいやり方ですが、東日本大震災では部分的に激しく液状化しました。

どちらにしても、干拓地や埋め立て地であれば液状化が起こる可能性は大。そんなところを宅地開発し、高級住宅地にしているところもあります。いろいろなところに問題がありそうですが、本来は便利さなどを優先して危険度をよ

＊　干拓は、土木技術や重機がないときに陸を広げる方法でした。干潮のとき、水の引いた海に少しずつ堤防を築き、最終的に大潮のときに堤防を閉じて海水が入ってこないようにします。

く調べずに買った人、次に危険を説明しなかった不動産業者、さらに設計・施工した人という順番で責任があるのではないでしょうか。

それを行政だけのせいにして、文句を言うのはちょっと変ですね。東日本大震災のときには、まだ行政に力が残っていたから、種々の援助もありました。ですが、行政の力が全く足りなくなる南海トラフ地震や首都直下地震を考えると、私たちの価値観を見直さないと結局自分が損をすることになる気がします。

＊「空き地」は防災上大事です。汐留の旧国鉄貨物ターミナルの跡地がすべて再開発されてしまいましたが、大丈夫でしょうか。同様の状況は大阪駅や名古屋駅周辺の再開発でも見られます。

# 危うい建物

## 「プリン」と「お菓子」で分かる建物と地盤

冒頭の「たらい」に続いて、今度は「プリン」を用意してみましょう。どこにでも売っている「プッチン」できるものが便利です。まずは蓋をめくって容器に入れたまま左右に揺すります。中のプリンはなかなか揺れませんね。ではプッチンして、プリンをお皿の上に乗せてみます。

そのまま食べるのはちょっと我慢して、お皿ごと揺すってみると、容器のなくなったプリンはプルプルと、よく揺れますね。最初の容器に入れた状態は周辺が山に囲まれた盆地の揺れを表し、お皿に乗せるとよく揺れる沖積低地の地盤に近づきます。

では、プリンの上に「キノコ」の形をしたお菓子と「タケノコ」の形のお菓子を乗せてみましょう。キノコは軸の部分をプリンに突き刺し、タケノコはそのまま置いておきます。そしてまた皿ごとプリンを揺すると……。タケノコの方がきっとよく揺れて、倒れると思います。これを建物に当てはめれば、キノコが杭基礎、タケノコが直接基礎と呼ばれる基礎のつくり方の違いになります。タケノコを少しプリンに押し込むと、地下室付きのビルになります。すると、揺れが小さくなるでしょう。プリンの一部を食べてみると、崖地形ができます。揺すってみると、崖の上の揺れが強いことが分かります。

他にもババロアや羊かん、豆腐、こんにゃくなど、食べたり調理したりするときにちょっと揺すってみてください。豆腐は「絹ごし」と「木綿」で硬さが違いますから、揺れ方も違います。硬さや厚さによって、よく揺れる揺らし方があるはずです。羊かんは硬いので、お皿の上で揺すってもほとんど揺れない

＊ 直接基礎というのは、堅い地盤に中低層の建物を建てるときに使われます。杭を使わず、直接地盤の上に基礎をつくります。

ことがイメージできるでしょう。プリンや絹ごし豆腐は軟弱地盤、羊かんは堅い良好な地盤に例えられます。

ただし、本物の地盤は羊かんの上にプリンが乗っていて、しかもプリンの厚みが一様ではありません。

熊本地震の被災地も、そうした「羊かん＋プリン」のような地盤の上にありました。激震地だった益城町は、木造住宅の密集地の下を川が流れています。川沿いは通常、プリンが厚い軟弱地盤です。しかし、今回は必ずしも川沿いだけではなく、川から少し離れた住宅地でも大きな被害が見られました。これを理解するためにはプリンとキノコやタケノコ、つまり地盤と建物の関係をさらに詳しく見ていかなければなりません。

杭基礎と直接基礎

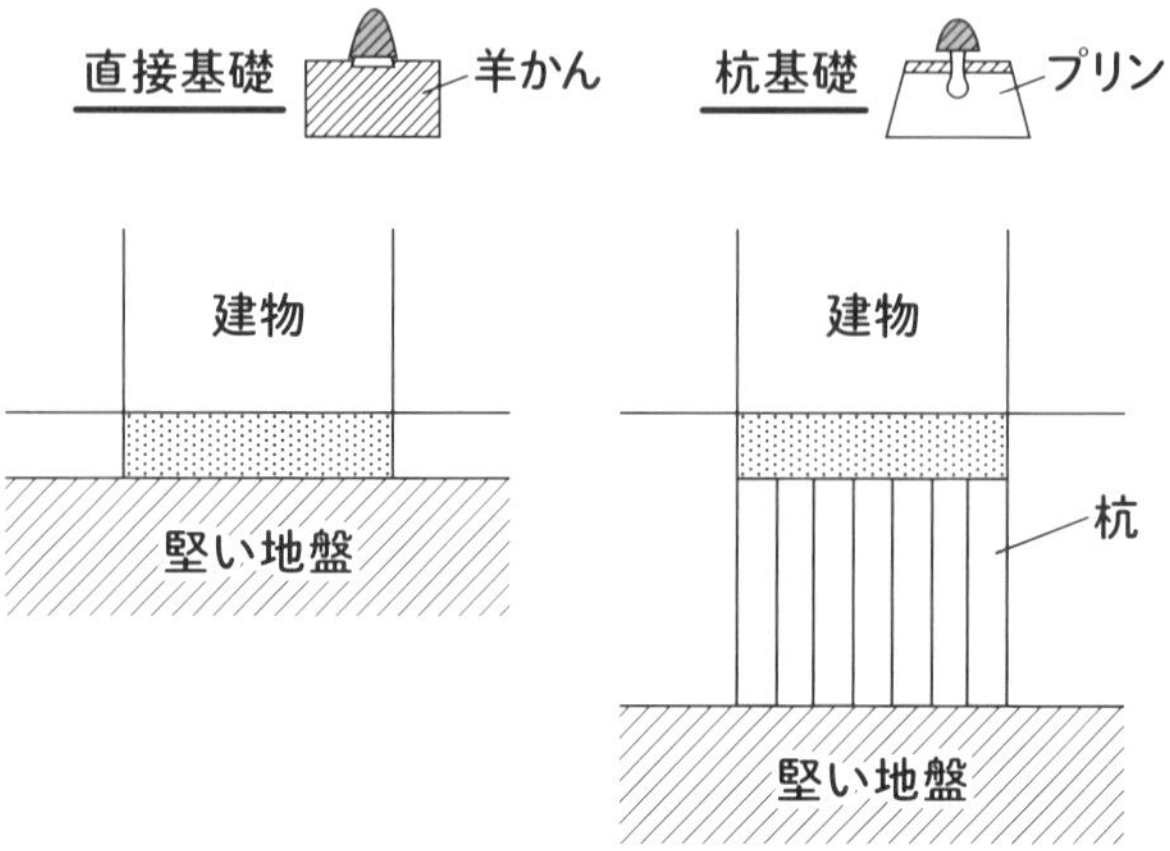

# 地盤の周期、建物の周期

地盤や建物の揺れの特徴は「周期」で表されます。振り子をイメージしてください。5円玉にひもを結んで吊り下げたようなものでよいでしょう。それを右から左に振って、もとの位置に戻ってくるまでに何秒かかるか数えてください。1秒かかれば「周期1秒」、2秒なら「周期2秒」と言います。

振り子では地震のイメージにつながらないかもしれません。机の上に鏡を平らに置いて、鏡をのぞき込むようにしてそこに映る振り子を見てください。すると、下で5円玉が左右に揺れているように見えます。地震のときは机も建物もこのように揺れます。左右にグラグラと1秒かけて揺れたら、「周期1秒で建物が揺れた」と言うのです。

振り子はひもが長いほど、時間をかけてゆっくり揺れます。それと同じように、建物も高いほど長い周期で大きく揺れます。一方、高さがあっても重心が低かったり壁がたくさんあったりすると、どっしりと安定し、建物の周期が短くなります。

建物には高さや形、構造によってそれぞれ最も揺れやすい周期があり、それを「固有周期」と言います。実際の計算は複雑ですが、一般的に壊れていない木造家屋の固有周期は0・2秒から0・5秒ほど、10階建てくらいのビルなどは約1秒、高層ビルでは高さによって2秒から6秒ほどです。ただ、木造住宅は大きく揺れて損傷すると、周期が0・5秒から1・0秒ほどに伸びます。

地盤にも固有周期があります。先ほどのプリンをもう一度思い出してください。プリンをある周期で揺するとすごく大きく揺れました。

さて、プリンをプッチンしてお皿に置いたままの状態と、上半分を食べてみた状態と、どちらが長い周期で揺れるでしょうか。当然、食べる前の、厚みのあるプリンですね。これを地盤に置き換えると、軟らかい地層が厚く堆積した地盤ほど長い周期で大きく揺れやすく、堅く浅い地盤は短い周期で揺れるということになります。

# 熊本地震、激震被害の正体

　怖いのは、地盤の揺れの周期と建物の揺れの周期が一致したときです。「波長が合う」という言葉があります。人間なら波長が合った方がよいのですが、地盤の周期と建物の周期が合うと、お互いの揺れが重なり合って、揺れが増幅されます。これを「共振」現象と言います。

　人の体に例えてみましょう。揺れるバスの中で自分が立っている場面を想像してみてください。バスが大きく揺れると、体が倒れそうになることがあります。これはバスの揺れの周期と体の揺れの周期が合致したからです。

　このとき、あなたは倒れないように足を開いて、ぐっと力を入れて足を踏ん張ったり、足を緩めて揺れをいなしたりするでしょう。重心を落としたり、体を硬くしたり柔らかくしたりして自分の揺れの周期を変え、バスの揺れの周期を避けて共振を防いでいるのです。これはビルの設計でよく聞く「免震」や

＊　1本のひもに、上に大きな重り、下に小さな重りを付けて、指で持ちます。指から大きな重りまでと、大きな重りから小さな重りまでのひもの長さは同じです。揺すったときの「周期」はひもの長さで決まります。ひもの長さが同じだから、揺すったときの二つの重りの周期は同じです。指を動かして揺すります。小さな重りがすごく揺れます。「共振」しているのです。鏡で映して上からのぞきます。小さな重りは建物で、大きな重りは地盤です。

「制振」の考え方にもつながります。

地震が来ました！　地震はさまざまな周期の揺れを合わせ持った揺れの固まりのようなものです。震源から発する揺れの中に周期1秒の揺れが多いと、1秒で揺れやすい地盤を強く揺さぶりながら伝わり、その上に建つ固有周期1秒の建物を共振させ、さらに激しく揺さぶります。

熊本地震の本震では、周期1秒前後の揺れが多かったことが分かっています。強い揺れに見舞われた被災地の中でも、1秒で揺れやすい地盤と木造家屋の立地が重なったところでは、激しい揺れがさらに増幅しました。これが多くの住宅を倒壊させせました。

## 「南向き建物」の弱点

熊本地震は1995年の阪神・淡路大震災と似た直下の活断層が引き起こし

た地震でした。阪神・淡路大震災でも周期1秒程度の揺れが多かったので、神戸中心部では古い木造住宅や、10階建てぐらいのビルが多く壊れました。中間階がグシャっとつぶれたビルや庁舎の映像が目に焼き付いている人も多いでしょう。

当時は今より耐震性の低い建物が多く、それらに対して苦手な周期の揺れが襲ったため、「震災の帯」と呼ばれる帯状の被害地域が現れました。この帯は淡路島から東北東方向に神戸の街を貫き、南北方向に大きな揺れを発生させました。だから被害は周期1秒前後で、南北の揺れに弱い建物で顕著でした。神戸を東西に走る高速道路も南北に揺れ、北側に横倒しになりました。

日本のマンションや学校の建物は、採光をとるため、たいてい南に面して東西に細長くなっています。部屋と部屋、教室と教室を仕切る壁は、南北方向です。壁は、壁と平行の揺れには強いのですが、直角の揺れには弱い。

つまり、日本の建物の多くは南北の揺れには比較的強く、東西の揺れにはそれほどではありません。神戸の地震は幸い南北の揺れが多かったので、学校の校舎などの被害は少なかったようです。

耐震性というのは建物の強さだけで考えていたらダメで、地盤との関係で決まる周期も考えなければいけません。よく聞く建築の常識も疑ってみる必要がありそうです。

## 基礎杭の役割

ビルの基礎として地盤に打ち込まれている杭がよく使われます。2015年に横浜市のマンションで、杭打ちのデータが偽装されていたと大問題になりました。杭が地中の堅い地盤に届かず、マンション全体が傾いたと指摘されました。マンションの開発会社は当初、「東日本大震災の影響だ」と説明していたそうです。

＊ 実は、長く揺れる海溝型巨大地震と、パルス的に短く揺れる直下の活断層の地震とでは、建物の揺れ方も異なります。長く揺れる場合には、地盤の揺れと建物の揺れが一致したときに徐々に揺れが育っていく共振現象が、短い時間の揺れでは、活断層近傍の地盤の大きな変位による衝撃的な建物変形が問題になります。

その真偽はともかく、元来、ビルの基礎杭は耐震が主たる目的ではありませんでした。ビルの重さを支えて、建物が沈み傾いたり、地盤が壊れたりしないようにするのが主な役割です。

それが、ある時期から地震のときにも杭が壊れないようにと考えられ始めました。しかし、杭によって建物自身の耐震安全性が高まったとは言えません。そもそも杭は上下の力には硬くて変形しませんが、横の力に対しては軟らかいものです。

焼き鳥の串に硬い肉をむりやり刺しても串は変形しませんが、食べ終わって折り曲げると簡単に折れます。いくら先っぽが堅い地盤に届いていたって、残りのほとんどがズブズブの軟らかい地盤の中にあれば、杭があっても左右に揺れる地盤の揺れを減らすことはできません。

「うちは杭が入っているから地震でも安全」というのは間違い。「杭を入れなければならない軟弱地盤なのでよく揺れるんだ」「だからこの建物は、良い地盤の上に建っている建物よりも強くつくらないといけないんだ」と受け止めた方がよいでしょう。

## 「免震」も万全ではない

東日本大震災や想定される南海トラフの巨大地震は、周期数秒を超える長周期の揺れをたっぷりと放出する地震です。こうした揺れに弱いのは、大きな平野に建つ超高層ビルなどの高い建物です。

最近は「免震構造」が売り文句の建物が増えました。免震構造は基礎と建物の間にゴムが主体の軟らかい免震装置を入れて、ビルの揺れを長周期にすることで、地面の揺れが建物に伝わるのを防ぎます。しかし、免震装置を入れても、長い周期の地震に襲われれば、やはり相当に揺れます。それを抑えるためにダンパーが一緒に使われています。ですが、高層マンションは、もともと長周期で揺れやすいので、短い周期で揺れる低いマンションに比べると、免震による揺れの低減効果は大きくはありません。

＊ 建物が擁壁にぶつかって損傷するのを防ぐためには、免震装置を地上に出してしまうという方法もあります。そんな「長靴を履いたようなビル」はさすがにありませんが、一般住宅ではこの手法が用いられています。

通常の免震ビルでは、地面を掘削してつくったコンクリートの箱のような擁壁の中に免震装置があり、その上にビルが乗っています。そこに思いもよらぬ長周期の大きな揺れが来て、装置がグニャッと変形すると、建物が擁壁にガ〜ンとぶつかり、その衝撃で建物が損傷する可能性もあるでしょう。こういった長周期の揺れがたくさん出るのが巨大地震です。

免震構造を採用する理由は、揺れを抑えて安全性を向上することだけでなく、それによって柱を細くしてコストダウンするという目的もあります。柱が細くなれば、使える床面積も広くなります。

マンションなら高ければ高いほど多くの階でコストダウンできるので、免震装置を入れるメリットが増え、全体的にコストカットができます。だから、高層の免

## 免震構造と長周期の揺れ

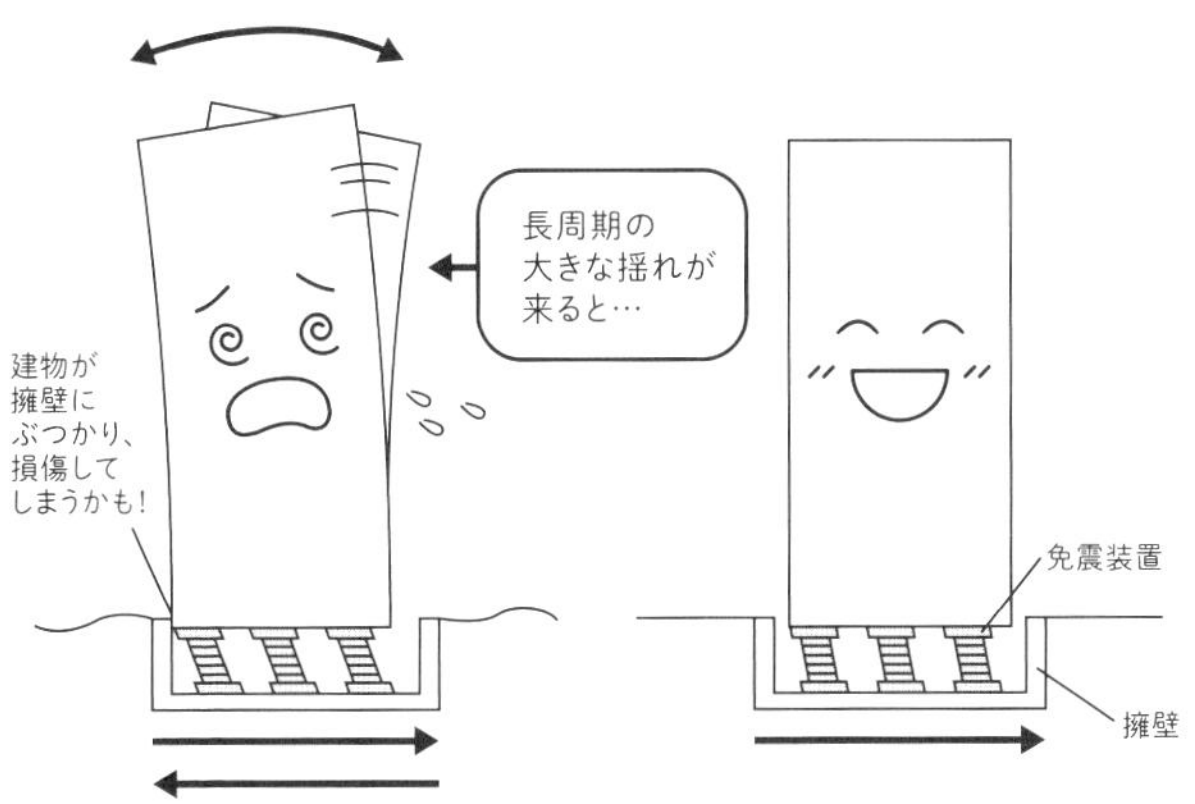

震マンションがたくさんつくられることになります。

## 「箱っぽい」建物の強さ

柱が中心で、壁のないガラス張りのビルは、日本中で当たり前のようにたくさんつくられています。ですが、熊本地震で被災した自治体の庁舎は、柱だらけで比較的背の高い建物でした。倒壊はしなくても、ひびが入れば庁舎全体が使えず、災害対策の建物としては失格です。

例外だったのは西原村の役場で、見るからに壁が多くて「箱っぽい」2階建ての建物でした。震度7の激震に見舞われたのに、大きな被害はなく、役場の機能は保たれていました。

柱が中心の建物は「ラーメン構造」と呼ばれ、柱と梁で骨組みをつくる現在の建築設計の主流です（Rahmenはドイツ語で「枠組み」のことで、食べ物とは関係ありません）。ラーメン構造の建物は、外からの力を受けると、どのように変形し、ど

＊ 建物の構造形式には、耐震壁を主な耐震要素とした壁式構造と、柱を耐震要素としたラーメン構造があります。前者は頑強に強度で耐えるタイプ、後者はしなやかに靱性（変形性能）によっていなすタイプです。前者の典型は原子力発電所の原子炉建屋、後者の典型は超高層建物です。

＊ 壁っぽい建物の西原村役場はほとんど無被害で、宇土市役所は大きな構造的被害を受けましたが、地震動を再現してみると、宇土市役所の揺れは西原村に比べるとずいぶん小さい。宇土市役所の建物は、築50年。小中学校の耐震化を優先し、市役所の耐震補強はまだでした。

のように壊れるのかが比較的正確に計算できます。

ラーメン構造の耐震設計では、強い揺れに対しては、柱や梁が損傷してもよいことにしています。ただし、完全に倒壊はせず、内部の空間を残して、人の命を奪わないようにしています。このため、壁にひびが入り、ドアが開きにくくなったり、ガラスが落ちたりします。

通常の耐震設計で考えるのは1回の地震に対して内部空間を確保し、人の命を守るという設計です。熊本地震のように震度7の揺れを二度も受けたら、計算の仮定とは異なるので、二度目の地震で壊れておかしくはありません。

熊本市では、マンションの約9割で何らかの被害があったと報告されています。構造的に大破する被害は多くありませんでしたが、壁のひび割れや設備の損傷で住めなくなったマンションがあちこちで見られました。熊本市では最大でも震度6強の揺れだったのに、鉄筋コンクリートのマンションにそれだけの被害が生じたのです。

＊ 多くの人は価格や利便性、見栄えを優先します。売れる分譲マンションや安い賃貸マンションをつくるために、構造計算によって法基準ギリギリの耐震性で建てることもあります。一方、販売を前提としない公営住宅は壁の多い低層の建物が多く、震度7の揺れを二度経験しても益城町の町営住宅は無被害でした。

＊ 新耐震設計法では、端的に言えば、何度も経験する比較的小さな揺れに対しては無傷で財産的価値も守るが、建物の供用期間中に一度くらいしか経験しないような強い揺れに対しては、建物の損傷は許容し人命を守ればよい、という考え方に基づいています。

西原村役場

被害を受けた宇土市役所

一方、木造住宅の多い益城町の激震地では、耐震基準が強化された2000年以降に建てられた木造住宅の6割が無被害でした。古い家屋を中心に局地的な被害は甚大でしたが、全体的に見るとマンションに比べて木造住宅の方が被害を免れた割合が多いことになります。それはなぜなのでしょうか。理由の一つは、木造住宅が構造計算を「していない」からだと思います。

## コストと安全性

木造の戸建て住宅は全国に約2600万棟もあり、住宅数に対して構造設計を行う建築士や、建築確認の審査をする建築主事の人数が圧倒的に足りません。また、そもそも木造住宅の計算は難しく、構造計算の信頼性が高くないことなどから、大きなビルのような構造計算が免除されてきました。その代わり、家屋の床面積の大きさに応じて、耐震性を見込める「耐力壁（すじかいや構造用合板の入った壁）」を一定量確保するよう規定されています。

＊　建築研究所などが実施した、熊本地震最激震地区での悉皆調査によると、戸建て住宅の被害は、建築年が1981年、2000年を境に差が顕著でした。木造住宅の耐震基準は、1981年に壁量を増やし、2000年に壁のバランスや金物補強を規定しました。

＊　震度7を2回経験した熊本県益城町の激震地域で被害がなかった木造建築は、1981年5月より前のものは5・3％、81年6月～2000年5月は20・3％、00年6月以降は61・3％。新しい木造住宅は耐震性が高いと言えます。

この壁量（建物の壁の長さの総計で計算）は、被害地震を経験しながら、段階的に増やされ、2000年にはさらに耐力壁をバランスよく配置し、柱と梁などを結合する金物についての仕様も定められるようになりました。構造計算をせずに簡略的に安全性をチェックするため、余裕を持った壁量が規定されています。

これに対して、一般のビルでは、柱や壁を考えた構造計算により、震度7の下限程度の建物の揺れに対して、安全性を確認しています。設計で考えるのは、建物の揺れであって、地面の揺れではありません。ですから、揺れにくい硬い建物では、地面の揺れも震度7の下限を考えていることになりますが、揺れが3〜4倍に増幅するビルでは、地面の揺れは震度6弱程度しか考えていないことになります。

ちなみに、震度7というのは阪神・淡路大震災で初めて適用されましたが、震度8というのはありませんから、上に限りのない、いわば青天井の揺れです。ですから、震度7の揺れでも大丈夫な構造物は、日本に一つもないと言えます。

＊ 過去、気象庁が発表する震度の情報で、震度7が記録されたのは、1995年兵庫県南部地震（神戸市ほか）、2004年新潟県中越地震（川口町［現 長岡市］）、11年東北地方太平洋沖地震（栗原市）、17年の熊本地震（益城町、西原村）だけです。

＊ 発注者の考える価値（バリュー）の中で安全性がどれだけ重視されているかが重要です。価値を考えるとき、短期的な価値と長期的な価値があることを考慮する必要があります。長期的な価値では安全性は重要です。

神戸では、きちんと計算してつくった高速道路の橋脚が、想定を超える強い揺れを受けて計算通り壊れました。

建築基準法の耐震基準は、最低限満たすべき基準です。逆に言うと、ギリギリでも最低条件を満たしていれば、法的には問題ありません。優秀な設計者や優秀な建築会社であれば、依頼主の意向に従い、安全性をギリギリにして予算を削ることもできます。「バリューエンジニアリング」（価値工学）という考え方がもてはやされる風潮にありますが、万一、バリューの中に安全という価値観が入っていないと、むしろコストダウンのために安全の余裕が削られることもあり得ます。そんな建物が多く壊れることは、神戸や熊本で学んだはずです。

阪神・淡路大震災で倒壊した高速道路の橋脚

公共建築では、余分なお金をかけると会計検査院に叱られるので、安全性までギリギリにしてしまいかねません。重要な建物として構造計算時に一般の建物より強い揺れを想定しているとはいえ、余裕がない設計をしていれば、熊本のような強い揺れでは、地震後に使用できなくなることもあります。

## 「地域係数」の問題点

熊本地震では建築の「地震地域係数」という考えが一部で問題になりました。これは建物の構造設計時に想定する地震の揺れについて、一般的な地域を「1・0」とした場合、あまり地震が来ないと考えられる地域は「0・9」や「0・8」をかけて、地震の揺れを低く想定してもよいことになっています。

建築基準法の制定以来、当時の建設省が段階的に定めていきました。現行では北海道や東北の太平洋側から関東、東海、近畿の大部分は「1・0」ですが、北海道・東北の日本海側や中国、四国、九州のほとんどは「0・9」か「0・8」。

＊ よく住宅展示場の営業マンが、「我が社は技術力があるので、神戸の地震でうちの住宅は一軒も壊れなかった」と自慢げに言いますが、震度7では損傷するように設計していたはずです。被害が無かったのは、技術が高かったからか、低かったからかのどちらなのでしょう。

＊ 熊本地震の被災地を車で走り、被災地の家並みを撮影します。それを地震前のストリートビューの映像と比べてみると、どんな建物が壊れやすいかがよく分かります。1階が店舗や駐車場になっているビル、壁が足りない住宅はたくさん壊れています。

さらに沖縄は「0・7」になっています。1979年以前は九州は一律「0・8」でした。沖縄は返還に関わる特殊な事情もあって小さな値になっています。

熊本は県内全域が「0・9」か「0・8」だったにもかかわらず、熊本地震の直撃を受けました。市庁舎が全壊した宇土市は「0・8」でした。

福岡県西方沖地震が起きた福岡も「0・8」です。南海トラフ地震の被災地・高知の地域係数が「0・9」なのも気になります。

地域係数は、繰り返し起こる海溝型の大地震を念頭に置いて設定されていますので、めったに起きない内陸の活断層による地震の影響は低く見積もられています。

大地震の後でも頑張らないといけない庁舎建築では、活断層の多い地域ではむしろ地域係数を大きくするべきですが、「0・9」や「0・8」の地域では庁舎建築も耐震性の低い「お得」な建物の設計を許してきました。熊本地震ではそんなツケがあらわになったと言えるのですが、いまだに根本的な見直しはされていません。

＊ 熊本地震では、六つの自治体で庁舎機能を維持できず、庁舎外で業務を続けることになりました。庁舎を失うと、自治体の災害後対応は困難を極めます。小中学校の耐震化を優先し、庁舎の耐震化が遅れている自治体も多くあります。

＊ 地震地域係数は建築基準法施行令で規定されています。例えば、福岡県は0・8ですが、玄界灘から博多湾を経て、福岡平野にかけての警固《けご》断層周辺では、規模の大きな建物の係数を割り増す条例が制定されています。

しかし、地域係数は氷山の一角のようなもの。こんな合法的な抜け道は探せばいくらでもあります。

建築基準法は建物の高さが「31メートル」や「45メートル」、「60メートル」を境に耐震基準が厳しくなります。だから、コストを重視する人はその寸前の「30・5メートル」や「44・5メートル」、「59・5メートル」ぐらいの建物にしたがります。

「30・5メートル」は普通のマンションならちょうど10階建ての高さ。つまり10階建てのビルを、最新の技術を使ってギリギリにつくると、想定を超えた地震が来るとちゃんと壊れてしまうことになるのです。

## 「ハンムラビ法典」の教え

建築基準法は、あくまで建物に対する最低限の規定です。前に書いた地震地

＊ 益城町役場や西原村役場の計測震度計で観測された本震の揺れを再現してみると、いきなりの大きな揺れに驚かされます。特に西原村の揺れは2メートルもの大きな変位で、万一、高層ビルや免震ビルなどの長周期構造物があったら、大きなダメージを受けていた可能性があります。

＊ プリンの上に建ったこんにゃくゼリーの建物は、羊かんの上の落雁の建物に比べ、揺れは遙かに大きいと言えます。しかし、一般建物の耐震基準は、建物の揺れは同じだという前提で決めています。つまり、揺れやすい建物、揺れやすい地盤は耐震的に損をしていることになります。

域係数のような多少の差はありますが、日本中どんな場所に建っていても、設計で考える建物の揺れは基本的に変わりません。堅い地盤の上でも軟らかい地盤の上でも、同じ建物の揺れを想定して建物が建てられています。

昔の役所の建物は良い地盤に建った壁の多い建物が普通でした。この時期は技術もなかったので、構造計算をするときに壁は計算外にして、柱だけで安全性を確認していました。ですから、壁がある分だけ余裕がたっぷりでした。一方で、今は技術が発達したので、壁の耐力をしっかり見込んで計算をしています。昔の建物は壁が多く、中低層でいかにも硬そうな建物でした。昔と今、本当の実力はどちらが上でしょうか。

私が住んでいる愛知県では、帝冠様式の築80年余の

愛知県本庁舎・名古屋市本庁舎

愛知県本庁舎と名古屋市本庁舎が並んで建っています（帝冠様式というのは昭和初期の公共機関の庁舎に用いられ、ビル頂部に城のような瓦屋根を配置しています）。威風堂々とした壁っぽい二つの建物は、この地域を襲った1944年の東南海地震の揺れを見事にくぐり抜けました。

科学が発達すると、自然を克服したと誤解して自然の怖さを忘れがちになり、安全性がおろそかになることもあります。技術の発達が、安全性よりもコストカットに使われれば、バリューエンジニアリングは、大きな矛盾と危険をはらんだ思想にもなります。

「家を建てたものは、建築が適切に行われなかったことにより家が壊れ、その住人を死なせることがあった場合は死罪に処す」（中田一郎訳『ハンムラビ「法典」（古代オリエント資料集成）』リトン）と定めたのは、古代バビロニアのハンムラビ法典です。

古代ローマの建築家ウィトルウィウスは、建築の3要素は「強・用・美」と言いました。でも、今では三つのバランスが崩れているようです。ここでも現代人は、先人の教えを忘れてしまっているのではないでしょうか。

## 遠くの地震で往復3メートルの揺れ

大都市に林立する超高層ビルも、最低基準の建築基準法を基本としてつくられています。普通のビルとは少し計算の仕方が違いますが、中にはギリギリにつくっているものがないとは言えません。

かつて、超高層ビルは地震の揺れに「柳に風」と振る舞い、軟らかく揺れやすいから「安全」だと言われました。また、多くの建築関係者は、最新の技術を使っているから大丈夫だとも主張してきました。でも、考え方次第では「そんなに大丈夫ではなさそうだ」とも言えそうです。

東日本大震災では、震源から770キロメートル離れた大阪府で、55階建て

＊ 高層ビルは普通のビルに比べて桁違いの重さを支えています。このため余裕のない設計になってしまいます。私は超高層ビルを否定しませんが、「好きではありません」。

＊ 2004年の新潟県中越地震では、震源から200キロメートルも離れた東京で、高層ビルのエレベーターが緊急停止して乗客が閉じ込められました。地震動によるエレベーターのワイヤの共振によって、ワイヤが切れる事象もありました。

の大阪府咲洲《さきしま》庁舎が、最上階付近で左右に往復3メートル弱も揺れました。地盤を伝わった揺れと建物の周期が6・5秒程度と、ほぼ一致。共振現象が起きて、周期6・5秒の揺れは地面の50倍、地盤の中の基盤からは1000倍にも増幅されました。

けが人こそ出ませんでしたが、内装材や防火戸など約360カ所が損傷しました。エレベーターに5時間以上も閉じ込められた人たちもいました。上の階にいた人たちは本当に怖かったことでしょう。

当時の橋下徹知事は、府の本庁舎を咲洲庁舎に全面移転する計画でした。しかし、安全性を検討する専門家会議が設置され、私も参加して、地盤と建物の共振の問題を指摘したことで、橋下知事は全面的な移転を断念してくれました。

大阪府咲洲庁舎

東京駅前にたくさん建っている大企業が入った超高層ビルでは、たいてい上階にトップの部屋があります。そこが何メートルも揺さぶられたら、まともな災害対応はできないでしょう。

## 大都市の超高層ビルの心配

日本の建築設計は長らく、こうした長周期の揺れの影響をあまり考えてきませんでした。超高層ビルについては、「長周期地震動の実態が分かっていないから安全性が確認されていない」などと曖昧な言い方をしてきました。ですが、21世紀に入ってさまざまな研究が行われるようになり、東日本大震災のちょうど1週間前に、日本建築学会から長周期地震動に対する懸念を記者発表しました。

最近になって、ようやく国も具体的に動き始めました。2015年12月に、

＊ 我が国最初の超高層ビル・霞が関ビルディングが着工した1965年は、プレート・テクトニクス理論が提唱された1960年代の半ばです。地震の発生メカニズムも十分に理解できていない時代でした。高層ビルが苦手な長周期の揺れも少ないと考えられていました。

内閣府から南海トラフ巨大地震に対する長周期地震動の予測結果が公表され、これを受けて国土交通省も動きました。2017年4月以降に南海トラフ巨大地震の被害想定地域内に超高層ビルをつくろうとする際には、長周期地震動対策を求めるなど、基準を強めたのです。

裏返せば、「今までの設計で考えてきた揺れでは足りない」と認め始めたとも言えます。

では、今あるビルは大丈夫なのでしょうか。すぐにでも長周期で共振の怖れのあるビルを調査して補強しないといけないはずです。でも、ビルにはテナントがたくさん入っており、調査すると言うと不安感を与えるので簡単には進まないでしょう。何とかしなければいけません。

東日本大震災では、全国に4000棟以上ある免震戸建て住宅のうち、0.1%ほどに不具合が生じ、免震装置が損傷しました。東京には1000本近くの高層ビルがあると言われています。これと同じ比率を適用すると、万一、関東大震災と同規模の地震が来たら、確率的には1000本に1本は不具合が生じてもおかしくないことになります。

壊れないまでも、二度と使えないぐらいのダメージを受けるかもしれません。ガラスや外壁が落ちるビルはもっと多そうです。そしてほとんどのビルの中は、家具が倒れたり走り回ったりしてメチャクチャなことになるでしょう。超高層ビルが林立する東京で今こんなことが起きたら、影響は計り知れません。

首都の重要度を考えて、より安全な東京独自の基準があってもよいはずです。現に静岡県では耐震基準を強化する条例を２０１７年に制定しました。

南海トラフ地震や首都直下地震は、いずれほぼ確実にやって来ます。その震源は東日本大震災より遥かに大都市に近く、長周期の揺れをたっぷり放出します。長周期の揺れを増幅しやすい大規模な堆積平野の上に、私たちは高層ビルを好んで建ててしまいました。建物の中で揺れは何倍、何十倍にも増幅されます。大規模地震に対し、大平野、超高層ビルという、最悪の組み合わせが人気なのが日本の大都市です。

＊ 長周期の揺れをたくさん出す「大規模地震」、長周期の揺れを大きくして長い時間揺すり続ける「大平野」、長周期の揺れが苦手の「超高層」。この三つは最悪の組み合わせです。

そのとき東京で、大阪で、名古屋で、日本中で何が起こるのか。次章ではその想定される被害を、揺れや津波の力だけでなく、社会の対応力という視点も織り交ぜて生々しくシミュレーションしてみます。

# 2章

# 次の大震災の光景

# 二つの大震災の真実

## 神戸から聞こえた悲鳴

阪神・淡路大震災発生1時間半後、ラジオから流れた悲痛な叫びが耳に残っています。

「そこら辺から火の手があがって、私の家は全焼してしもうた。息子が一人、もう死んでると思うね。出されんかったですわ。38歳です。もう焼けたから死んだと思いますわ。もうちょっとね。足が出てるんだけど、あとが出なかった。足を引っ張って出そうとしたんだけれど、そのうち火が来て『親父、逃げてくれ』って。そのままで。目の前で見殺しですわ」

1995年1月20日の「神戸新聞」の社説「被災者になって分かったこと」も痛切です。紙面をそのまま掲げます（94ページ）。

目を、耳をふさぎたくなるような光景ですが、これが震災の現実でした。ずいぶん昔のこと、遠いところで起こったこととして、「我がこと」とは思えないという人も多いでしょう。しかし、この短い文章や音声の記録からでも、消防力不足や医師不足など、今も変わっていない、いや、むしろ今の方が深刻かもしれない課題が浮かび上がってきます。

さらに、その根底には、家屋を耐震化していなかったことの無念さが伝わってきます。当時の悲劇を繰り返さないために、私自身の苦い経験も交えて、あらためて「見たくないもの」を見てみましょう。

## 社説

# 被災者になって分かったこと

あの烈震で神戸市東灘区の家が倒壊し、階下の老いた父親が生き埋めになった。三日目に、やっと自衛隊が遺体を搬出してくれた。だめだという予感はあった。

だが、埋まったままだった二日間の無力感、やりきれなさは例えようがない。

被災者の恐怖や苦痛を、こんな形で体験しようとは、予想もしなかった。

あの未明、ようやく二階の窓から戸外へ出てみて、傾斜した二階の下に階下が、ほぼ押し潰されているのが分かり、恐ろしさでよろめきそうになる。父親が寝ていた。いくら呼んでも返答がない。

怯えた人々の群れが、薄明の中に影のように増える。軒並み、かしぎ、潰れている。ガスのにおいがする。

家の裏へ回る。醜悪な崩壊があるだけだ。すき間に向かって叫ぶ。

何を、どうしたらよいのか分からない。電話が身近に無い。だれに救いを求めたらよいのか、途方に暮れる。公的な情報が何もない。

何キロも離れた知り合いの大工さんの家へ、走っていく。彼の家もぺしゃんこだ。それでも駆けつけてくれる。

裏から、のこぎりとバールを使って、掘り進んでくれる。彼の道具も失われ、限りがある。いつ上から崩れてくるか分からない。父の寝所とおぼしきところまで潜るが、姿がない。何度も呼ぶが返事はなかった。強烈なガスのにおいがした。大工さんでは、これ以上無理だった。

地区の消防分団の十名ほどのグループが救出活動を始めた。瓦礫（がれき）の下から応答のある人々を、次々、救出していた。時間と努力のいる作業である。頼りにしたい。父のことを頼む。だが、反応のある人が優先である。日が暮れる。余震を恐れる人々が、学校の校庭や公園に、毛布をかぶってたむろする。寒くて、食べ物も水も乏しい。廃材でたき火をする。救援物資は、なかなか来ない。

いつまで辛抱すれば、生存の不安は薄らぐのか、情報が欲しい。

翌日が明ける。近所の一家五人の遺体が、分団の人たちによって搬出される。幼い三児に両親は覆いかぶさるようになって発見された。こみ上げてくる。父のことを頼む。検討してくれる。とても分団の手に負えないといわれる。市の消防局か自衛隊に頼んでくれといわれる。われわれは、消防局の命令系統で動いているわけではない、気の毒だけど、という。

東灘消防署にある救助本部へいく。生きている可能性の高い人からやっている、お宅は何時になるか分からない、分かってほしいといわれる。十分理解できる。理解できるが、やりきれない。そんな二日間だった。

これまで被災者の気持ちが本当に分かっていなかった自分に気づく。〝災害元禄〟などといわれた神戸に住む者の、一種の不遜（ふそん）さ、甘さを思い知る。

この街が被災者の不安やつらさに、どれだけこたえ、ねぎらう用意があったかを、改めて思う。

神戸新聞社提供

# 死者の8割、家の下敷き

阪神・淡路大震災が発生した1995年1月は、大学入試センター試験が14、15日にあり、翌16日は成人の日の振り替え休日でした。そして休み明けの火曜日となった17日の午前5時46分。ほとんどの人は家で寝ている時間帯でした。

ゴゴゴ……という地鳴りと共に、地面から振動が。そのとたん、縦へ横へとすさまじい揺れが襲ってきました。早朝にコンビニの中にいた人たちが、棚や商品もろともかき混ぜられるように振り回され、机にしがみついても立っていられなくなった映像が残っています。

NHK神戸放送局でも、棚が倒れて書類がすべて吹き飛び、机やテレビが部屋中を滑り回っていました。当直の職員は何とか無事で、神戸海洋気象台に電話して「震度6」の地震だと聞きました。当時は地震計ではなく体感での計測。「震度7」は1948年の福井地震の後に設定されましたが、建物の全壊率などを調査してから決めるものだったので、すぐには判定できませんでした。

NHKは神戸から大阪経由で東京に「震度6」を伝え、朝6時のニュースで一報を流しましたが、気象庁の本庁では確認できていないとしていったん取り消され、しばらくは神戸だけ「震度の情報なし」という状況が続きました。それぐらい混乱していたのです。

被害が近年まれに見る規模だということは誰の目にも明らかでした。近代的な神戸の街のあちこちから煙が上がり、無数の家屋やビル、そして高速道路が倒壊していました。

まだ早朝だったので新幹線が走る前、通勤電車もまだ急行は走っていない時間帯でした。地震発生が2時間遅ければ、満員電車の中でたくさんの人が亡くなっていたでしょう。また、オフィスビルでも多くが犠牲になっていたかもしれません。地震が早朝だった結果、犠牲者は揺れに弱い建物に住んでいる高齢者や学生に集中しました。

古い家屋に住んでいたお年寄りたちの多くは一階に寝ていて、地面まで崩れ

＊ 震度を体感で観測していた当時、震度7は「家屋が3割以上倒壊している」エリアを確認しないと出せませんでした。確認には時間がかかります。それでは迅速対応ができないので、当時全国に3000程度あった市町村に震度計を入れ、自動計測にしました。

落ちた家屋の下敷きに。若い大学生たちは、ぺしゃんこになった下宿の建物の下で亡くなっていました。死因の約8割が家の下敷きになったことによる窒息や圧死でした。

建物の下敷きで亡くなった人たちの遺言があったとすれば、「家を強くして。家具を止めて」だったはずです。でも、マスコミが取材したのは生き残った避難所にいた人たちでしたから、「水が足りない」「毛布がほしい」という言葉ばかりでした。本当に悲鳴を上げた人たちはみんなしゃべれなくなり、死んでしまった。この人たちの教訓は、マスコミからは流れませんでした。

阪神・淡路大震災で火災に見舞われる神戸の住宅街

写真／時事

## 専門家が受けた計り知れないショック

阪神・淡路大震災は1596年の慶長伏見地震以来、大きな地震がなかったところで起きた地震で、事前の注意喚起もなかったことから、地震予知への信頼を失墜させました。「地震予知なんてやめだ」と言った政治家もいました。

建築や土木の専門家は、この地震で計り知れないショックを受けました。神戸周辺に活断層があることは、地震学者や活断層の研究者たちは知っていました。しかし、建築の人たちにそうした意識は不足していました。関西には地震がないと思い込んでいた人が多かった。1995年以前に関西以西で高層ビルを設計するときは、東京や名古屋に比べて地震の揺れを2割低く想定すればよいことになっていました(80ページ参照)。この地震で、日本の建築の耐震性に対する「安全神話」は根底から崩れ去りました。

私自身は、当時は民間建設会社を辞めて大学に戻り4年近く経っていました。会社を退職する時期は、新しい建築を求めて宇宙建築や知識工学などの先端

＊ 会社員時代には原子力発電所の耐震設計に従事しており、日本の耐震技術を盲目的に信じていたためか、前年の同じ日、1994年1月17日に起きたロサンゼルス郊外のノースリッジ地震のときに、日本の耐震研究者が我が国ではあり得ないことと言っていたことに、疑問も持っていませんでした。

研究をしていました。宇宙建築というのは太陽発電衛星など大きな規模のものの打ち上げに備えての研究です。NASA（アメリカ航空宇宙局）とゼネコンとが手を組むような将来に向けた仕事でした。

建築構造の分野では、耐震性の高い建物が実現でき、免震や制振も開発して「終わった」と思っていました。阪神・淡路大震災がなければ、今ごろ私は先端的な研究を続けていたと思います。

しかし、阪神の光景はショックでした。「終わった」はずの建築構造の分野が全然終わっていない。先端技術を使った高層建築はごく一握りで、技術をあまり入れていない一般の住宅がたくさん壊れ、多くの人が亡くなった。

先端ばかりやっていては災害被害は減らせられない。私は「防災」を自分の最大のテーマにすることにしました。

被災地で調査をしながら目にした倒壊家屋は、自分の家と似たようなものでした。ちょうど子どもたちが生まれたばかり。こういった地震が起きると30年後くらいに南海トラフで巨大地震が起きることは知っていたので、このままでは家族を守れないと強く感じました。それからは家族旅行や外食を控え、ひたすら家を建て直すための頭金を貯めました。

そして、家族や親戚、友人が住む地域を守るには、名古屋にほとんどいなかった防災研究者に自分がならなければと、覚悟を決めました。私の人生も大きく変わることになった震災でした。

## 役所も消防も機能麻痺

何より、日本の危機管理のあり方が大きく問われました。当時の村山富市首相は、朝から始まっていた国会審議中にメモを渡されて、初めて事の重大さを認識したとされています。当時、自衛隊は、都道府県知事や市長から応援要請がない限り、出動ができない制約がありました。

神戸市役所は途中階から崩れ、崩落階にあった下水道部局など機能は麻痺。さらに最悪だったのは、消防も被災してしまったこと。消防署は消防車が出入りする1階の駐車場に壁が少なく、もともと耐震的に弱点のある建物です。柱が根元から壊れたり、液状化で傾いたりして、複数の消防署の機能が停止しました。道路は大渋滞で、消防車も救急車も走れませんでした。

神戸市消防局には約1300人の職員（人口1000人に1人）がいましたが、震災発生時に勤務中だったのは300人ほどでした。早朝だったことに加えて電話も不通の地域が多かったため、全職員の半数が参集したのは2時間後。自発的に参集した職員を含めて9割が集まったのは5時間後だったそうです。

管制室には通常の10倍以上の119番通報が殺到しました。ファクスが倒れ、OA機器が転落した部屋の中で、十数人の職員が鳴り止まぬ通報に対応し続けました。各消防署にも火災や救助を求める住民が直接、駆け込んできていました。現場は死にものぐるいで消火や救助に駆け回りました。しかし、埋設された水道管は破損。消火栓はほとんど使えません。川やプールから何とか水を引いて、初期消火に当たるしかありませんでした。

他県からの応援は、約450の消防本部から最大で506隊、2400人余

＊ 消防署については、その後、耐震診断、補強工事が進んでいます。車庫がつぶれることはなくても、ゆがみが生じて、地震の後、シャッターが開かなくなる恐れはあります。開けっぱなしにしてもらうのがよいと思います。

＊ 道路が渋滞して緊急用車両が通行できない場合には、インターチェンジで通行制限が容易な高速道路を緊急車両専用にすればよいのですが、阪神・淡路大震災では高速道路そのものが壊れて機能しませんでした。熊本地震でも跨道橋が落橋して通行できなくなりました。

りが駆け付けました。水の確保のため、最後は海水を利用することになります。海岸部から市街地の火災現場までは40~50隊分のホースが必要でした。しかし、ホースの接合部の仕様が地域によって違い、なかなかつなぐことができなかったと聞いています。

ヘリコプターを使った空からの消火も検討されましたが、自衛隊も含めて最終的に実施できませんでした。放水の衝撃で家屋の倒壊を助長したり、がれきの下の被災者に危険が生じたりすることなどが理由に挙げられました。

映画『シン・ゴジラ』で、都心に上陸したゴジラに自衛隊がヘリコプターで攻撃を仕掛けようとした際、逃げ遅れた住民がいると分かって総理大臣が攻撃を中止するシーンと重なります。

## 予知から防災へ

風はなかったのですが、最終的に神戸で全焼した建物は約7000棟。長田区を中心とした市街地は焦土と化しました。病院も被災して負傷者が屋外にあふれました。火葬場も処理能力を超え、犠牲者は周辺の府県で火葬されました。

芦屋浜の高層マンションは大きな柱と梁の中に住戸を組み込む「鉄骨メガ柱建築」という建て方でしたが、骨組みである「メガ柱」が真一文字に破断したのが外からも丸見えになりました。あまり表には出ていませんが、神戸や大阪の超高層ビルの揺れは相当のものだったようです。

阪神・淡路大震災に限らず、高層ビルの中がどうなったのかとか、揺れの実態については公式の席ではあまり聞きません。「大変だった」状況は現地対応をした人たちとの懇親の場などでは聞きますが、高層ビルの建築主はテナントを抱えているし、公には言いにくいのかもしれません。

ゼネコンも被害状況を積極的に公表しなかったため、ビルや工場などの被害実態は十分に分かっていません。もう少し話題になっていれば、その後の高層ビルの設計のあり方も早く変わったかもしれません。

もちろん、良い面での転機もありました。全国から集まったボランティアは１年間で延べ１３７万人に上り、「ボランティア元年」と呼ばれました。これを機にＮＰＯ法も整備され、現在も各地域で防災の活動を続けている団体が数多くあります。

神戸は被災しましたが、大阪は生きていたからボランティアも活動しやすかったと思います。また、家族が無事だった被災者は大阪の会社に通勤しました。大阪が機能していた意味は大きいと思います。

また、地震予知への信頼が失墜した代わりに、予知から防災対策重視へと政策のトレンドが変わった側面もあります。

バブルは弾けましたが、まだ経済的に余裕のあった時代。野放図な都市開発を進める日本人に、自然から鉄槌が下されたようでした。その反省や教訓は決して忘れることなく、次の都市災害に生かされなければなりません。

＊ 阪神・淡路大震災後20年で社会は大きく変わりました。コンビニは2倍、レストランは3倍、サラリーマンのランチ代746円から510円に（ＮＨＫ『クローズアップ現代』20周年特設サイトより）。社会が効率化し便利になった分、社会や家の中の備蓄が減りました。防災にはよくないことです。

## 「3・11」の混乱と反省

もう一つ記憶すべき災害は東日本大震災です。

あの「3・11」当日、私は東京・青山の23階建てツインタワービルの15階で、朝10時から1日がかりの講習会の講師をしていました。受講者は、建築構造の設計者や技術者が中心でした。

午前中は地震の歴史や地震の発生メカニズム、巨大地震時の長周期地震動の特徴について話し、午後は高層ビルの揺れ方について実験を交えて解説。「長周期地震動は心配です。ビルを揺れにくくするように制振補強などで直さなければいけません……」などと話し終えたそのとき、会場のビルが揺れ始めました。

受講者が揺れに気づき、私も揺れを感じ始め、すぐに緊急地震速報メールが届き、東北の地震であることを知りました。最初の情報ではマグニチュードが

8弱だったので、私は想定されていた宮城県沖地震と勘違いをしてしまいました（2日後の3月13日に、M9・0だと発表されました）。そこで受講者に「今お話しした通りの揺れがこれから生じるので、一緒に体験しましょう。現在の揺れは振幅数センチです」などと話してしまった記憶があります。その後、揺れは数十センチまで大きくなりました。

私はとっさに講義用の演台の下に身を隠しましたが、他の人たちはあまり慌てず、机の下に潜った人は一人もいませんでした。後日、参加者の一人が記録していた動画を見ると、ほとんどの人は机についたまま、揺れと共に左右に振られているだけでした。落ち着いているというよりも、どうしたらよいか分からない様子でした。幸い、その部屋では何も壊れたり落ちたりしませんでしたが、窓からは周辺の揺れるビルや、お台場の方で立ち上がる煙などが見えました。

私の講演は中断。ところが、足元の交通機関もストップしていました。遠方からの参加者は宿もありません。私たちは会場関係者と交渉して、受講者がそのまま滞在できるよう手配しました。しばらくして階下のコンビニに食料と水を買いに行きましたが、すでに棚はほとんど空っぽでした。

テレビやインターネットで情報収集を図るものの、正確な状況はなかなか分からない。役立ったのは名古屋にいる同僚や家族からのメールでした。被災地外の方が冷静に情報収集できることを思い知りました。

余震が続く中、津波で東北の街が流される様子をテレビで見続けました。地元紙の記者からは「福島原発の上を通って社機で飛んできた。原発は浸水している。沿岸部はどこも津波で大変だ」との電話が入りました。私はゼネコン時代に原発施設の耐震設計に関わった経験があったため、一般的な地震被害のことに加え、原発事故についてもメディア関係者からの問い合わせが入りました。

夜9時前に東京メトロ銀座線が運転を再開したので、満員の車両に乗って渋谷に出て、家内の実家のある三軒茶屋まで歩きました。

＊ 東日本大震災では多くの映像がSNSなどで流されました。新宿の高層ビルが大きく揺れる映像、高層ビルの中で家具が倒れそうになるのを止めようとする映像、都庁のエレベーターがガチャーンという大きな音を立ててぶつかる様子などです。

翌朝、名古屋のホームに降り立つと、不思議なほど普段通りでした。そのまま地元の放送局に呼ばれて緊急特番で被害を解説。それが終わって大学に戻り、災害対応の準備をしていると、「福島原発1号機が水素爆発」の一報が。

爆発で屋根のなくなった建物を見て、原発の耐震設計に関わっていた一人として、建物の耐震のことしか知らなかった自分が情けなく、忸怩たる思いが込み上げてきました。その後、格納容器の上を覆う建屋が簡単に吹き飛んだことについて、多くの取材を受けました。同時に、大学内に震災情報の提供を行う場を開設し、正しい情報の発信に努めました。これが後の「減災館」建設の動きにもつながっていきます。

東日本大震災発生時の帰宅困難者

正直に言うと、私は原発の設計といっても建物のことしか知りませんでした。敷地内のレイアウトが決まった後に、建屋の耐震性のチェックをするぐらい。極めて受身的な仕事をしていました。

新潟の柏崎刈羽原発7号機の設計に関わりましたが、2007年の新潟県中越沖地震では柏崎刈羽の構内で火災が発生しました。そのときはうまく消し止められ、私も建屋が地震で壊れなければよい、というぐらいにしか感じませんでした。

だから、福島の危機のときも、最初は炉が停止したと聞いて、「冷やす」「止める」「閉じ込める」の原則ができているのだからよいだろうと思いました。

その2時間後に非常用ディーゼル発電機が止まったとの報に接したときも、大きな危機感は持ちませんでした。そのうち動くだろう、というぐらいの思いです。

まさか津波で全部やられ窮地に陥っていたとまでは、想像が及びませんでした。どんな理屈で水素が出て爆発するのかなども、全く知らないこと。

原子力の世界は、あまりにもたくさんの専門家が関わっていて、お互いに情報交換することはめったにありませんでした。

ただ、原子炉建屋の屋根は吹き飛びやすいように軽くつくっていたのは知っていました。

柏崎刈羽原発の仕事をしているときに、疑問に思い、同じ会社の設計担当者に聞いたことがあるからです。「爆発したとき、力を外に逃がして原子炉を傷めないためだ」というのが答えでした。「どのようなときに爆発の可能性があるのか」とか「どうして水素爆発が起こるのか」など、それ以上は聞きませんでした。聞くべきだったと思います。

原子力施設の設計では、戦闘機やジャンボ機が突っ込むとか、タービンの羽が外れて飛ぶとかという「万が一」の計算をよくします。「爆発の可能性」と聞いたときも「万が一」の中の一つと思っただけで、深く考えなかったのかもしれません。

建屋を担当している人は、原子炉やタービン、配管のことを知らず。逆も同様です。専門家はたくさんいますが、隙間が多くて間をつなぐ人がいません。

全体を見るような発想がなく、みんな部分的な担当者として動いていたのです。私自身、いまだに痛恨の思いがしています。

## 被害は地震の規模では決まらない

東日本大震災では、誰もが日本の危機を感じたことでしょう。津波による甚大な被害、首都圏でのタンク火災や帰宅困難、長周期地震動に伴う高層ビルの強い揺れ。そして福島原発の水素爆発、計画停電や後手に回る震災対応など。国全体が疲弊し、意気消沈しました。これほどの大地震が現代の日本を襲うとは。阪神・淡路大震災でショックを受けたのは建築を中心とした工学の関係者でしたが、今回は地震学などの理学関係者が特に大きなショックを受けていま

＊ 東日本大震災では津波や原発の被害のほか、事前に想像できていなかったさまざまな事態が続発しました。福島県ではため池の藤沼湖の堤防が決壊し、大量の水が下流の集落を襲いました。気仙沼では石油タンクが浮き上がり、まちの中にタンクが流され、大きな火災へとつながりました。仙台空港では災害時に重要な役割を果たすヘリコプターが津波によって流されました。多くの空港が地震の影響で閉鎖され、上空の飛行機は着陸する空港を失いました。

した。

ただし、その被害の大小については冷静に分析する必要があります。関東大震災はM7・9で、エネルギー放出量は東日本の10分の1以下。にもかかわらず、犠牲者は東日本の5倍の10万人強、経済被害も国家予算の3倍強、国内総生産の3分の1で、東日本の10倍以上の経済的影響を与えました。

阪神・淡路大震災はM7・3と、放出エネルギーは東日本のわずか1000分の1でした。それでも、犠牲者は阪神・淡路が約6400人で、東日本の約2万2000人の3分の1にもなります。

兵庫県と東北3県の人口は、約550万人前後でほぼ同じ。阪神・淡路大震災での神戸市の犠牲者は、300人に1人。東日本の東北3県と同程度の割合になります。家屋被害の全壊数は、阪神・淡路が約10万棟、東日本が約12万棟。経済被害も10兆円と17兆円で、オーダーは変わりません。

つまり、被害は地震の規模より、震災によって影響を受ける被災者の数、すなわち都市の規模や人口密度によるということが分かります。

## 関東大震災、阪神・淡路大震災、東日本大震災の被害概要

### 東日本大震災

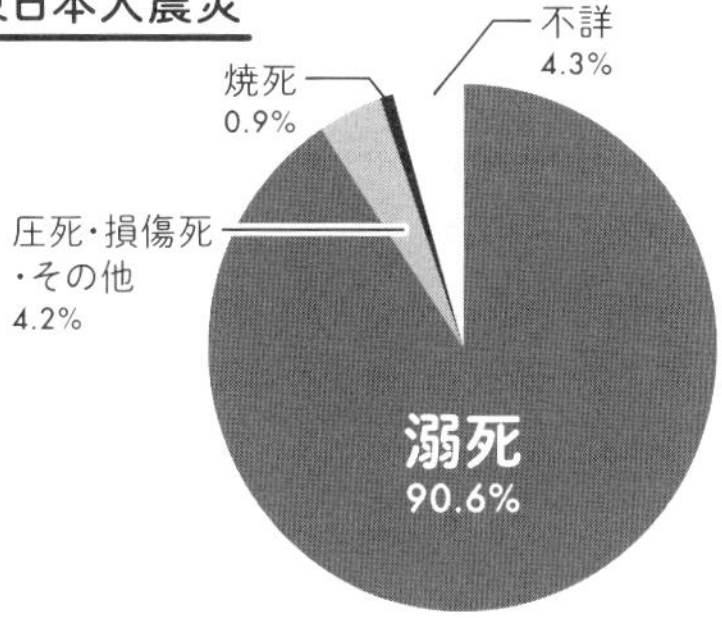


| 大きさ(マグニチュード) | | 9.0 |
|---|---|---|
| 種類 | | 海溝型地震 |
| 死者 | | 19,575 |
| 行方不明者 | | 2,577 |
| 建物被害 | 全壊 | 121,776 |
| | 半壊 | 280,326 |
| | 一部破壊 | 744,269 |

### 阪神・淡路大震災

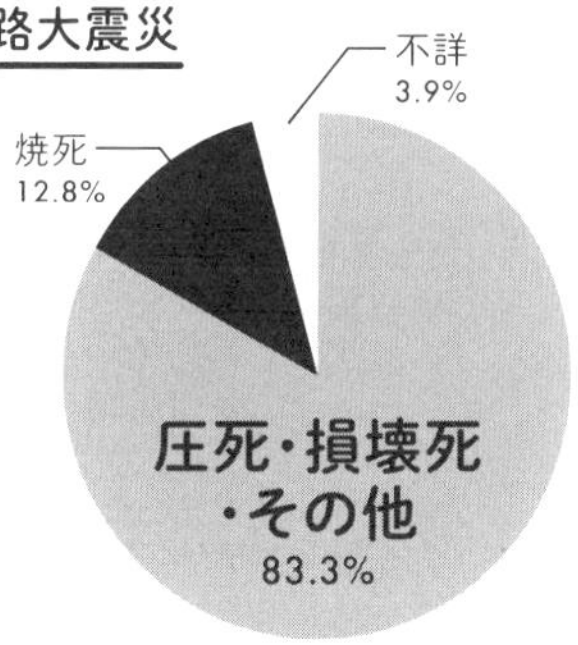


| 大きさ(マグニチュード) | | 7.3 |
|---|---|---|
| 種類 | | 活断層地震 |
| 死者 | | 6,434 |
| 行方不明者 | | 3 |
| 建物被害 | 全壊 | 104,906 |
| | 半壊 | 144,274 |
| | 一部破壊 | 390,506 |

### 関東大震災

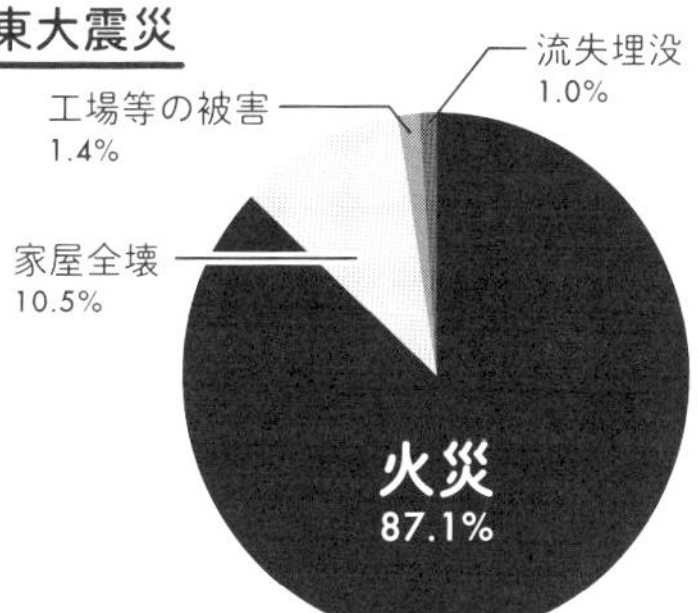


| 大きさ(マグニチュード) | 7.9 |
|---|---|
| 種類 | 海溝型地震 |
| 死者 | 105,385 |
| 行方不明者 | |
| 建物被害 | 372,659 |

総務省消防庁ホームページ「東日本大震災記録集」をもとに加工
東日本大震災の死者・行方不明者・建物被害のみ「平成23年(2011年)東北地方太平洋沖地震(東日本大震災)について(第156報)」をもとに加工
※円グラフは直接死の内訳、表は関連死を含む

東日本大震災での東京は、被災地から遠く離れていたにもかかわらず、大混乱に陥りました。人々は我先にとコンビニに走って買いだめし、帰宅困難者で駅はあふれ、飛行機が着陸できなくなりました。震災後も、水道水から放射性物質が出たという噂でペットボトルがすぐになくなり、ガソリン不足で車は使えず、サプライチェーンが途切れて日本中の産業が深刻な事態になりました。

人口でもGDPでも、東北3県は日本の5％程度のシェアですが、地震の影響は日本中に及びました。昔の地震と比べ、他地域への被害の波及が大きくなっています。

震災・原発事故をきっかけに、省エネや家庭での備蓄など、個人の意識は多少変わりました。しかし、日本全体では、余裕や「ゆとり」が削られつつあります。物流の無駄を省きすぎて備蓄のない製造業や商業。避難のための空きスペースや緩衝帯（バッファー）のない都市構造。そうした根本的な問題を「見ない」ことにして、災害危険度の大きなところでオリンピックや万博を開くことにしたり、湾岸に超高層ビルを建て続けたりしているのが現実です。

＊ 東日本大震災後、鉱工業生産指数の落ち込みが最も大きく、回復が遅れたのは製造業が集中する東海地域でした。製造施設の被害は地域を超えて多くの産業に波及します。

阪神・淡路も東日本も、日本の力で頑張って支援できるギリギリの大きさの被害でした。しかし、「次」は違います。関東大震災の火災、阪神・淡路の家屋倒壊、東日本の津波の三つが同時発生する超広域災害が、人口の集中する脆弱な複数の都市を襲う。それが来たるべき南海トラフの巨大地震なのです。

# 南海トラフ地震の地獄絵

## 新幹線走行中の激震

富士山を左に見ながら東海道新幹線に乗っていたら、突然、社内で携帯の音が一斉に鳴り響いた。緊急地震速報だ。同時に急ブレーキ、速度が落ち始めたところで、カタカタカタ……。

いつもの車内の揺れとは少し違う。揺れがどんどん激しく、大きくなっていく。車窓の富士山がぶれて見える。おや？　と思ったその瞬間……。

ドーンドーン！

ものすごい衝撃とともに、体が投げ出された。キャー、ギャーという悲鳴を上げて、人が宙に浮く。ギギギー！　車両が大きく左右に揺さぶられ、レールとこすれる金属音が耳をつんざいた。棚の荷物が飛んでくる。あちこちで悲鳴が聞こえる。

車両は何とか止まった。だが、地面全体がまだ大きく揺れ動いている。右へ左へ、その中、片手に握りしめていた携帯の画面に何とか目をやると、「東海道沖を震源にM８・０」と速報が出ている。東海地震だ。この揺れだと東海地震と東南海地震が連動したかもしれない。

ガタン！　車両の後ろが沈み込んだ感覚がした。座席の背もたれにしがみつきながら、延々と続く激しい揺れに耐えた。

生きた心地はしなかったが、揺れは収まったようだ。体中に痛みが走る。周りには動けない乗客もいる。

そして、再び携帯のアラーム音が鳴った。

「緊急地震速報　四国沖で地震　最大震度7（推定）」

ああ、もう南海地震まで連動している。もうろうとする意識の中で、車掌の指示に従って外に出た。眼前に広がっていたのは、無数の煙が立ち上る街と、遠くに見える富士山。その中腹から煙が立ち上っているように見える。そのとき、遠くから叫び声が聞こえた。「津波が来るぞー！」

私は、絶望感に襲われながら、とにかく線路から離れ高台に逃げようと足を前に運んだ。

……これはあくまで想像のシミュレーションの世界です。もちろん、私もこんな地獄絵に遭遇したくはありません。しかし、あり得なくはないと思って、新幹線に乗るときに心構えはしています。これよりもっと酷い惨事が、日本各地で同時発生する。それが南海トラフ巨大地震の恐ろしさなのです。

# 国民の半数が被災者になる

南海トラフとは、日本近海でフィリピン海プレートがユーラシアプレートの下に沈み込む境界。「トラフ」とは浅い溝のことです。浅いと言っても、深さ6000メートル以上の海溝よりは浅いという意味で、十分に深い溝です。巨大な岩盤が年間に5、6センチも移動しています。そして100年間で5、6メートル動くことによって、岩盤同士がこすれる面に巨大な「ひずみ」のエネルギーをためていきます。

それが一気に解放されることで引き起こされる巨大地震。これまでは静岡県東部を中心とした駿河トラフで起これば東海地震、浜松沖から愛知県、三重県の紀伊半島沖が震源なら東南海地震、和歌山県から高知県など四国沖なら南海地震と呼び、それぞれM8程度の地震と想定されていました。

過去の歴史ではこれらが連動して翌日や数年後に起こったり、同時発生したりして甚大な被害をもたらしてきました。東日本大震災以降、その連動する範囲は九州の大分・宮崎沖の日向灘や太平洋側の浅い部分にまで広がると想定され、全体で南海トラフ巨大地震と呼ばれるようになりました。すべてが連動すれば地震の規模はM９以上。まさに「中部・西日本大震災」とも言える未曾有の災害です。

私も委員として参加した内閣府の検討会では、考え得る最大クラスの地震規模やそれによる被害を算定、公表しました。最悪の場合、震度７の揺れは東海地方から四国、九州まで10県１５３市町村の約４０００平方キロメートルに分布、震度６弱以上の揺れは大阪を含めて24府県６８７市町村に拡大します。津波は高知県の土佐清水市や黒潮町で最大34メートルに達するのをはじめ、静岡県下田市で33メートル、三重県鳥羽市で27メートル、愛知県田原市で22メートル。千葉や神奈川でも10メートルを超す想定結果が示されました。

震度６弱以上、または高さ３メートル以上の津波が沿岸部を襲うと想定され

## 南海トラフ地震防災対策推進地域

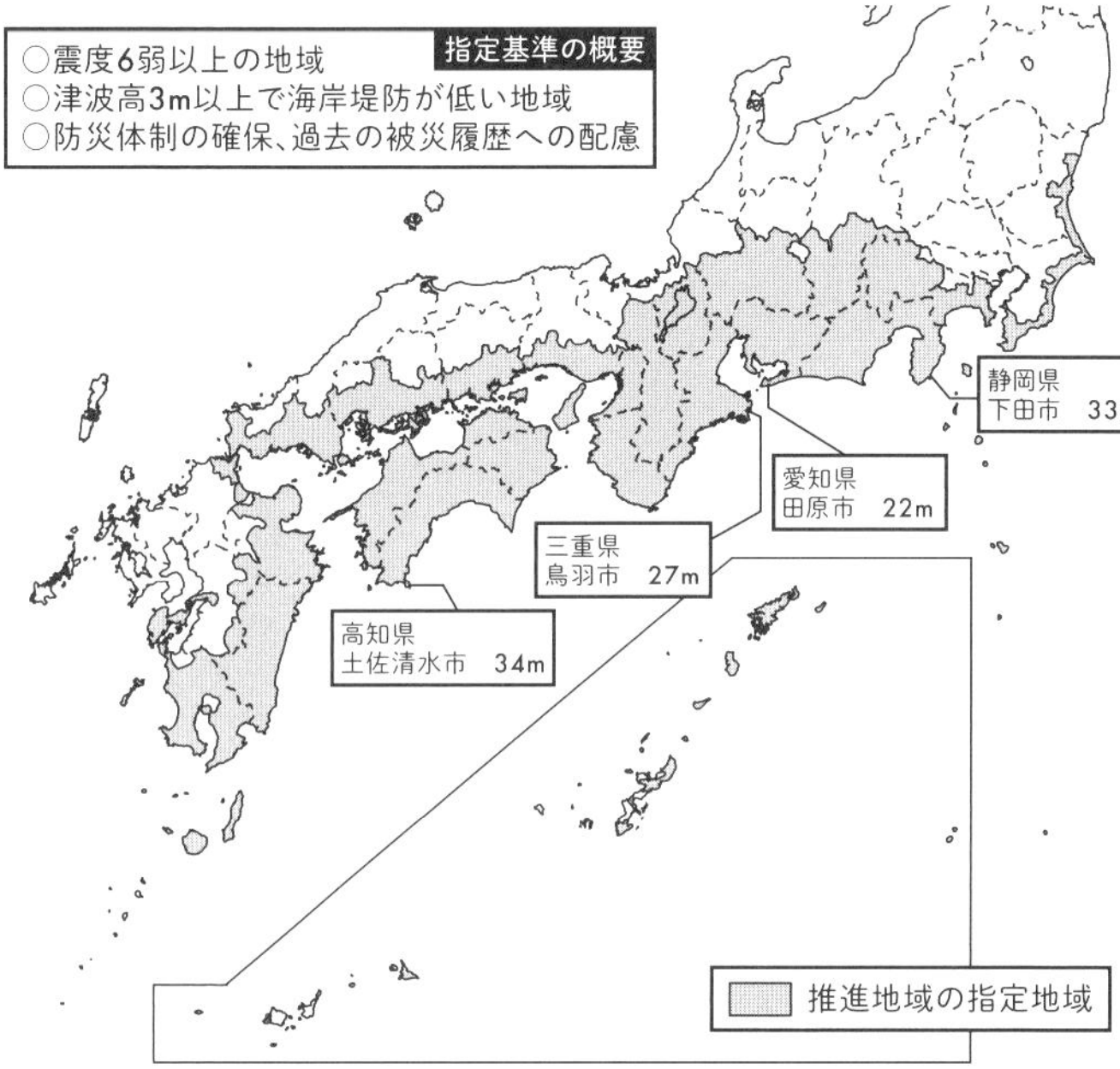


内閣府　防災情報のページ　南海トラフ地震対策「南海トラフ地震に係る地域指定」、
南海トラフ巨大地震対策検討ワーキンググループ「南海トラフの巨大地震による津波高・震度分布等」、
「都府県別市町村別最大津波高一覧表〈満潮位〉」をもとに加工

る自治体の面積は、日本全国の約30％、人口では約46％の５９００万人にも上ります。国民の半数が被災者になる大災害だということです。

阪神・淡路大震災や東日本大震災では日本の人口の約５％の人たちが被害に遭いました。関東大震災も被害は関東限定でした。国民の半分が被害に遭うかもしれないというのは尋常ではありません。

## 大空襲並みの惨状が各地に

内閣府の最悪の想定では、死者は約32万３０００人。東日本大震災に比べ約15倍の数になります。ただし、この数字には関連死は含まれていません。原発事故で混乱した福島県や、熊本地震の被災地では、関連死の方が多くなりました。それを考慮すれば、１００万人が亡くなると考えてもおかしくないでしょう。

静岡県から宮崎県まで10府県の標高10メートル未満の居住人口は、東北３県の13・5倍です。

そこを東日本より震源の近い地震が襲います。津波はより早く、高く到達。揺れはより強く、揺れている間に津波が来るところもあるでしょう。

津波に襲われる和歌山県では予想死者は県民12人に1人、高知県は15人に1人、静岡県では34人に1人と想定されています。この数字は、自分の親戚のうち1人は失ってしまうことを意味します。学校では1クラスに1人以上が犠牲になる。東京大空襲や関東大震災での東京の惨状に匹敵します。それが静岡から宮崎に至るまで、延々と続く光景を想像してみてください。

高さ30メートルの津波は新幹線並みのスピードで沿岸部に達し、防潮堤を破壊。陸上に上がってもオリンピック選手並みの速さで遡上し、海沿いの街をのみ込み、あらゆる住宅をなぎ倒す。

人々は逃げる間もなく、家屋や車ごと流される。がれきに激しくぶつかり、変わり果てた姿になって引き波の中に消えていく。コンビナートからは油が漏れて引火、石油タンクが浮上して街に進入、周りは火の海に。

都市部では高層ビルが激しく揺さぶられ、上階の部屋では机や椅子が走り回り、ひっくり返る。コピー機は大きく移動し、壁に固定されていない大型のロッカーが人に倒れかかる。エレベーターはすべて停止。閉じ込められた人は真っ暗な狭い空間で長時間助けを待つしかない。

地上では、ビルから剝がれ落ちた外壁やガラスが人々に降り注ぐ。デパートや劇場など、人が集まる場所はパニック状態。地下街や地下鉄駅の出入り口にはおびただしい人の群。「津波が来る」「火災だ」などの情報でパニックに陥る。すでに液状化も発生していて、寸断された道路ではサイレンを鳴らした消防車や救急車が全く動けない。

市街地では倒壊した建物の下敷きになった人たちの救出が懸命に行われるが、火の手はどんどん迫る。

そこら中からうめき声や「助けてー」という悲鳴がこだまする。しかし、消火ができず、近づくことすらできない。傷だらけの遺体が、そこら中で置き去りにされる。
かつての三河地震では、「野焼き」が行われた。立派な火葬場のある現代都市でも遺体の処理は追いつかず、野焼きの煙が立ち込める街になる……。寺も大きな被害を受け、お弔いもできない。

関東大震災では火災、阪神・淡路大震災では家屋倒壊、東日本大震災では津波が主に悲劇を引き起こした。今回は、これら三つがすべて襲ってきた。

街は津波に襲われたところと、火災で燃えているところと両方の惨状が広がる。あまりにもたくさんの家が壊れているので、避難所には入れない。人々は街にいられず、ヨレヨレの格好で郊外に歩いていく。
行き倒れになっている人を助けることもできない。電気もガスも水道も、すべてが途絶。広域の被害で仮設トイレが来るなんてあり得ないので、衛生状態も悪化の一途。街には強烈な異臭と腐臭が漂う。

このような光景を前に、人間性を失わずにいられるでしょうか。東日本大震災では日本人の「礼儀正しさ」や「辛抱強さ」が世界から賞賛されました。しかし、南海トラフ地震でも日本人がそのような冷静さを保てるのか、私は疑問です。圧倒的な、まさに地獄を見るような災害になると、人はなりふり構わなくなるでしょう。食料や水が圧倒的に不足すれば、略奪もあり得ます。治安を保つ警察力や地域の力も十分ではありません。地方警察官の人数は全国で約25万人、人口500人に1人です。日本社会は、底が抜けたように奈落へと落ちていくように思えるのです。

このような状況にならないようするには、耐震化などの事前の努力で被害を大きく減じるしかありません。

## 木造密集地の火災は止められない

南海トラフ地震の想定被災地域には、超高層ビルが林立する都会や、木造住宅の密集する市街地が広がっています。

リニア中央新幹線の開業を見込んでビル建設ラッシュが続く名古屋駅周辺も、少し歩けば昔ながらの木造の街並みに出くわします。そこで昼時に大地震が起こったら、家庭の台所や店の調理場で使っていた火はあっという間に燃え広がり、建物を包み込むでしょう。

東京スカイツリーの周辺も同じような状況にあります。火災に包まれた高層ビルやスカイツリーの光景は、『シン・ゴジラ』のシーンそのものです。


強い風が吹けば、近隣の木造家屋に次々と延焼。手がつけられなくなるのは、古くは関東大震災や、２０１６年の年の瀬に起こった新潟・糸魚川市の火災でも目にした通りです。

糸魚川では最初にラーメン店から出火した午前10時半ごろ、風速10メートルを超える強風が吹いていました。市の消防本部は6台の消防車を派遣しましたが、狭い道路をうまく進めず、初期消火に手間取りました。その間に火の粉は

100メートル先の木造住宅にも飛び移り、延焼は拡大。地元の消防団をはじめ新潟県下の他地域の消防、隣接する富山県や長野県の消防なども応援に駆け付け、100台を超える消防車で消火に当たりましたが、最終的な鎮火には30時間もかかりました。火は海のところでやっと止まったのです。

幸い死者が1人も出なかったのは、過去にあった大火の経験や、地域の助け合いの力がまだ残されていたことも大きかったでしょう。

日本の消防の職員数は約16万人。全人口の800人に1人程度の割合です。消防団員は90万人で、150人に1人程度です。

常備消防が保有するポンプ車は人口1万7000人弱に1台。救急車は、2万人に1台。この消防力で年

糸魚川市の火災で消火活動を行う消防隊員

写真／時事

間に約4万件の火災、600万件の救急、9万件の救助活動に出動しています。

人口約4万4000人の糸魚川市はまだ恵まれていました。消防職員数の割合が人口500人に1人、消防団員数は40人に1人、ポンプ車や救急車の数は1万人に1台以上と、全国平均に比べれば多めでした。もともと小規模自治体でも最低限の消防力を措置しているために、人口1万人程度の2町と合併した糸魚川市では、市の規模に比べて消防力が大きかったと言えます。


熊本地震の被災地である西原村では人口約7000人の村に消防団員が255人もいました。人口27人に1人という割合で、全国平均の5倍もの人数です。村長も元消防団長。地震の1年前にはチェーンソーで屋根を切り抜き、人を救出する発災対応型訓練をしていて、実際に地震が来たときにはその経験が生かされたそうです。1章で紹介した「壁っぽい」建物の庁舎と共に、激震の被害を最小限に食い止められた要因と言えるでしょう。

一方、大都市の例として名古屋市を見てみると、230万人の人口に対して、常備消防職員は２４０２人（１０００人に１人）、ポンプ車１０６台（2万人に1台）、救急車57台（4万人に1台）、実働は41台、消防団員は５６７２人（４００人に１人）で、年間に火災５５８件、救急12万件、救助１０００件の対応をしています。効率が良いとも言えますが、巨大災害に備える消防力としては、非常に心もとなく見えます。

少子高齢化はますます進み、消防士だけでなく、けが人に対応できる外科医の数も圧倒的に足りません。高齢者の死亡率は若者の約5倍にもなります。南海トラフ地震の被害は、こうした社会の対応能力の衰えも考慮していくべきでしょう。

## インフラは連鎖的に麻痺

現代社会の決定的な弱さは、電気や水道などのインフラへの依存にもありま

＊ 本書執筆中、名古屋市内の病院に10日間ほどお世話になりました。市内有数の災害拠点病院のため、1日当たり30台の救急車が駆け込みます。年間1万台。医師300人が2交替で勤務しますが相当の重労働です。普段ですら余裕のない病院が、大規模災害のときにどれだけ治療ができるのか、思わず考え込んでしまいました。

す。

かつての日本社会はろうそくや灯明、かまど、井戸や湧き水、くみ取り便所での生活で、畑もあり、各家庭の自立性や自給自足の度合いが高い社会でした。前回の南海トラフ地震である昭和の東南海、南海地震が襲ったのは戦中、戦後の貧しい時期でした。そのころインフラは今ほど整備されていなかったおかげで、被害の広がりは限定的でした。

ところが、現代は水や電気・ガス、燃料、道路や鉄道、そしてインターネットや携帯電話などの通信に過度に依存しています。しかも、それらは複雑に関係し合っています。一つのインフラがやられると、被害は他のインフラにも連鎖的に広がり、生死の問題や社会の破綻に直結してしまいます。

詳しくは後半の章でも述べますが、水は電気や燃料がないと送れず、電気は水と燃料がないとつくれません。燃料をつくるには水と電気が必要。そして、いずれも道路が途切れると動かせない。製造業も工業用水や電気・燃料の供給が途絶すると、長期の生産停止に追い込まれます。

生きるために何より必要なのは水です。しかし、湧水や井戸水などの身近な水を利用していた時代とは違い、今は大河川の水をきれいにして送るために、浄水施設や配水池への送水、集合住宅での水のポンプアップなどに電気が欠かせなくなっています。このため、停電時には非常用ディーゼル発電機などが必要で、燃料を確保しておかなければなりません。それがなければ水は供給されず、災害時に必要な消火活動や医療活動にも影響します。災害拠点病院で電気がなくなり、水が不足したら、どんな状況になるでしょうか。

断水したときに頼りになるのが給水車ですが、その数は人口10万人に1台程度です。小さな災害では全国の給水車が駆け付けてくれますが、広域の災害では全く不足します。給水車が不足すると、車に給水タンクなどを乗せて配給することになるでしょう。その場合にも車両と運転手の確保が必要になりますし、道路が通れ燃料が確保できることが前提になります。

多くの物資は道路をトラックで運んでいます。道路には、高速道路、国道、都道府県道、市町村道、農道、私道などがあって、それぞれ管理している人が異なります。いざというときにどの道路を先に切り開き、復旧するかをあらかじめ定めておかないと、建設業者の取り合いになってしまいます。社会の早期回復のため、何が大事かを協議した上で、優先順位に応じた復旧が必要です。

また、たとえ道路が無傷でも、トラック事業者が事業継続できていなければ物流がストップしてしまいます。トラック駐車場の浸水危険度はどうか、トラック運転手や燃料の確保はできるか、物流拠点の対策は十分か、情報システムや通信の確保はできているかなど、心配なことはいろいろとあります。

## 電気、ガスの途絶も長期化

電気の問題の深刻さは、福島第一原発の事故や、火力発電の停止でいやというほど思い知らされ、計画停電によって社会が大きく混乱しました。今では多くの原発が停止しています。

＊ 例えば、首都高速道路は本当に安全なのでしょうか。賞味期限はもう過ぎているのかもしれません。首都高速は軟弱なお堀の上の高架や、お堀のすぐ脇の地下トンネルを通っていることを忘れないでおきたいですね。

代わりにフル稼働している火力発電所は、原発ほど、地震に強くつくっているわけではありません。発電には膨大な燃料と冷却水、広大な敷地が必要です。そのため火力発電所は沿岸部の埋め立て地につくられることが多く、津波や高潮、揺れや液状化などの被害を受けやすいのです。また、原子力発電と違って特別な耐震性も要求されていません。

津波が発生すれば、タンカーが通る航路ががれきなどでふさがれてしまうでしょう。タンカーが接岸する岸壁が液状化による側方流動（地盤の横移動）で損壊すれば、燃料の受け入れが困難になります。障害物を取り除いて、航路を速やかに切り開き、護岸を復旧しないと、たとえ発電所が無傷でも燃料不足に陥り、発電が再開できません。また、送電鉄塔、変電所、電柱などの配電施設、顧客の受電設備などがすべて生きていて初めて電気を使うことができます。

電力の自由化が進んでいますが、社会の根幹をなすものについてまで自由化してしまって大丈夫でしょうか。社会の生命線とも言える発電所や送電網の安全性は、何が何でも守るよう社会でコスト負担する必要があると思います。

タンカーなどで輸入される液化天然ガス（LNG）のうち、3分の2は火力発電所の燃料に、3分の1は都市ガスに利用されます。都市ガスのうち、約7割は工場などの産業用、残り3割程度が家庭用です。プロパンガスに比べて、都市ガスは導管が途絶すると多くの人たちが影響を受けます。地中に埋設されていることもあり、一度被災すると復旧には時間がかかります。

阪神・淡路大震災では都市ガスの復旧に3カ月を要したことから、ガス業界はガスの供給エリアを小ブロック化し、それぞれのブロックに地震計を設置。強い揺れを観測した場合には小ブロックごとに供給を停止し、被災エリアを最小化するという作戦を立てました。その結果、大手ガス会社は膨大な地震観測網と高度な災害情報システムを備えた最新の災害対応体制を整えることになりました。しかし、巨大地震ではすべてが止まることも予想され、復旧には時間がかかるだろうと思います。

ガス事業者は東京ガスや大阪ガス、東邦ガスなど一部を除くと小規模の事業者が多いのが現状です。そのため、災害時には全国のガス事業者が被災地に助けに行く「オールジャパン」の助け合い体制が整っています。しかし、超広域の災害では、助け合いにも限界があります。とはいえ、行政がコストカットを進める水道事業に比べ、ガスは民間なので安全対策はまだマシだと言えます。ただ、電気に続いて大手ガス会社も自由化で過度な競争に巻き込まれてしまいました。助け合いの精神が残り続けるのか心配です。

## 複雑な通信も命取りに

現代人は、電話連絡やデータ通信ができないと無力です。特に携帯電話は今や生活に欠かせない道具ですが、災害時にはまだ弱い通信手段です。東日本大震災では、長期の停電で携帯基地局のバッテリーが不足し、携帯電話が不通になった地域が広域に発生しました。たとえ無被害でも輻輳《ふくそう》を避けるため利用制限がかかります。

震災後は種々の長期停電対策が進められ、災害に備えてさらに広い地域をカバーできる大ゾーン基地局も整備されるようになりました。

一方、固定電話は、通信会社にとって維持管理が難しくなっているように見えます。大企業や自治体は、固定系の光ファイバーを利用したインターネットに依存しています。

通信会社はかつてモバイルで稼ぎ、その収益で固定電話を維持していました。今は通信の自由化によって、スマートフォンを含む携帯電話の過度な価格競争が起こっています。消費者にとって普段はメリットが大きいのでしょうが、もし、非常時のコストが削られるようなことがあれば、具合が悪くなるでしょう。

企業の中には複数のインターネットサービスプロバイダと契約することでリスク分散しているところもありますが、気をつけておきたいのは、同じ電柱を複数の光ケーブルが通っている場合が多いこと。液状化や家屋倒壊などによって電柱が倒れると、それらが同時に被災する可能性があるのです。また、ケーブルは大丈夫でも、停電時のバックアップ電源がなければ通信の確保はできなくなります。

通信そのものが複雑化しており、関係者に話を聞いても、全体像を知っている人がほとんどいません。

しかし、インターネットが途絶すると銀行の決済もできなくなり、電子カルテを使っている病院も機能しなくなります。「通信に絶対はない」と思って、できる限り通信の多重化をしておくしかないでしょう。

## 下水やごみ処理の困難さ

上水道が動脈だとすると、下水道は静脈のようなものです。後述するように上水道や工業用水についても問題は多いですが、下水の対策は遅れているようです。当たり前ですが、汚い水はきれいにしなければ、河川や海に排出するこ

＊ お世話になった名古屋市内の病院では、入院患者はバーコードが付いた腕輪を常に着けていました。それで治療内容がサーバーに送信されているようで、看護師はいつもタブレット端末を使っていました。サーバーがダウンしたときには大混乱になると思いました。

とはできません。福島第一原発では、増え続ける汚染水を貯めるため、膨大な数のタンクを建設し続けています。万が一、災害時にごみや排水の処理ができなくなったとすると、私たちの生活はどうなるでしょうか。

普段の生活では炊事、洗濯、入浴など、1人当たり2～300リットルもの大量の水が使われています。この水は、洗剤やごみが入った生活雑排水になります。トイレからは屎尿が出て、生活雑排水を含めて汚水として排出。下水道が整備されている都市部では、汚水は下水管などの管路を通して下水処理施設に運ばれます。

下水管は自然流下式、真空式、圧力式があり、自然流下式以外の方法では電気が必要です。ポンプや水処理、汚泥処理にも電気や燃料が要ります。また、処理施設は一般に河川や海に近い低地につくられるため、浸水や液状化の危険度も高いと考えられます。万が一、災害時に下水道が機能しなくなると、上水道を使うことも困難です。このため、停電対策や浸水対策が不可欠ですが、赤字がちの下水道事業では、十分な対策がとられていないのが現状です。

災害で発生する膨大ながれきやごみ、いわゆる災害廃棄物の問題も深刻です。環境省は南海トラフ地震で最大3・2億トンの災害廃棄物が発生すると試算。これは東日本大震災の約16倍、日本全体で出る一般廃棄物量の7年分以上に相当します。ダンプ3000万台が1キロメートル四方の敷地に運び込んで、300メートルの高さにまで積み上げるイメージです。

今、ただでさえごみ処分場の容量は逼迫しています。南海トラフの被災地で、これだけの廃棄物を集積できる場所がどこにあるでしょうか。また、車両や運転手の調達はできるでしょうか。沿岸部に自動車や化学関連の工場などが多い太平洋ベルト地帯では、津波で流されてきたものを分別する敷地確保も困難で、環境汚染は深刻となるでしょう。巨大地震は最大の環境問題だと言えます。

がれきの処理が滞ると、衛生面や安全面のリスクも増えます。がれきがなくならなければ、復旧、復興はできません。社会の回復がますます遅れてしまいます。

# 地震保険制度だけに頼って大丈夫？

物理的なインフラではありませんが、財政面では「地震保険」が気がかりです。

地震や噴火、津波などによって生じた建物の火災や損壊などは、火災保険そのものでは保障されず、付帯されている地震保険を契約する必要があります。現在の地震保険は「地震保険に関する法律」に基づいて政府と損害保険会社が共同で運営しています。地震保険は被災者の生活の安定に寄与することを目的としたものなので、保険金額は火災保険の半額までで、全額補償はされません。

地震保険制度の成立に至るまでには紆余曲折がありました。そもそも、地震保険は短期での収益を重視する民間会社では取り扱いにくい保険商品です。被害を及ぼすような地震はめったに起こらないのですが、起こると損害が異常に巨額になります。被害の大きさは人口の集積度や発生時間、季節、天候、場所

＊ 我が国最初の地震保険の提案は、ドイツから御雇外国人教師としてやってきたポール・マイエットが1878年に提案した国営の強制保険制度でした。民営保険制度を主張する内務省の反対で認められませんでした。

によるハザードの違いなどにより大きく変動します。ましてや世界有数の地震、火山噴火がある日本ですから、海外の再保険会社には引き受けてもらえません。このため、国の関与が不可欠です。

地震保険制度は明治時代から検討されてきました。しかし、国も保険業界も及び腰で、なかなか本格的な制度化に至りませんでした。関東大震災のときは地震被害は免責になっていましたが、支払い請求運動が活発になり、保険会社は7500万円程度を見舞金として支払いました。大半を政府から借り入れ、戦後の1950年に大インフレのおかげで完済しました。

地震保険の問題を打破したのは「角さん」です。

1964年、M7・5の新潟地震が発生しました。このとき、国会では衆議院の大蔵委員会で保険業法改正法案が審議中でした。当時の大蔵大臣は田中角栄・元首相。被災地となった新潟県選出の田中大臣が地震保険の必要性を主張。「速やかに地震保険等の制度の確立を根本的に検討し、天災国というべきわが

＊ 1890年には、地震保険も火災保険と同視すべきとの判断で、地震保険も商法で規定されたのですが、1899年に削除されました。この間に濃尾地震、庄内地震、明治三陸地震、陸羽地震が続発したことが関係しているかもしれません。

国の損害保険制度の一層の整備充実を図るべきである」との決議が付帯されて保険業法改正案が可決、地震保険の制度発足につながったのです。

当時の保険金の総支払限度額は3000億円。支払い総額がこれを超えたときは減額して支払うことになっていました。その後、補償対象や加入限度額、総支払限度額が拡大されて今に至っています。

保険契約者が損害保険会社に支払う保険料は全額、日本地震再保険株式会社（再保険会社）に再保険されます。さらに再保険会社は政府と損害保険会社に再々保険し、一部を自社で保有します。三者に配分することで、リスクを分散しているようです。

東日本大震災関係の支払いが生じる前の時点では、保険料は合計2兆2563億円まで積み立てられていました。

しかし、東日本大震災の発生で1兆2706億円が支払われ、さらに南海トラフ地震と首都直下地震に対する被害想定が公表されると、地震保険契約者が急増。熊本地震と鳥取県中部地震が発生したため支出が増えました。支出は民間（保険会社。再保険会社）の積み立て分から優先して使うので、民間の資金は３２５６億円と底をついてきました。

現在の地震保険の総支払限度額は11兆３０００億円、民間の責任限度額はたった１７３２億円なので、政府は次に地震が起きたら11兆円超まで負担しなければならないことになってしまいました。

政府の負担する11兆円は保険会社の肩代わりです。保険会社は震災後、加入者からの保険料で返していかなければなりません。返すことができないと政府は貸し倒れになります。

総支払限度額は関東大震災と同規模の被害の地震が

## 地震保険金総支払限度額の変遷

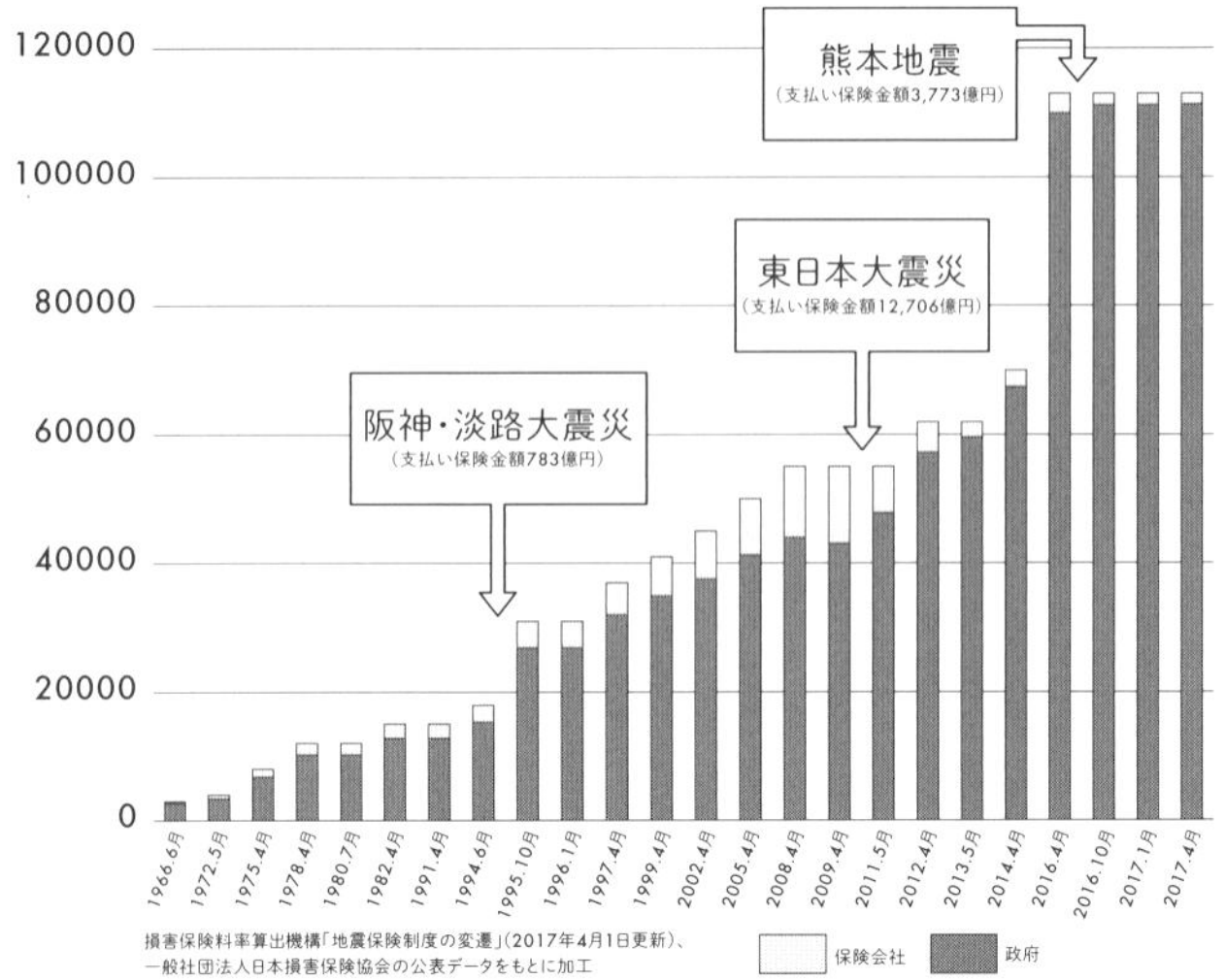


損害保険料率算出機構「地震保険制度の変遷」（2017年4月1日更新）、
一般社団法人日本損害保険協会の公表データをもとに加工

起きることを想定し、保険加入者全員に支払うことを前提に設定されています。地震が「関東大震災以上」だったときも全体の支払限度額は変わりません。つまり、1人当たりの支払いは減額されます。南海トラフ地震の被害規模は支払限度額を上回る可能性があります。そうなれば保険金は満額もらえません。

インフラ復旧にも政府の多大な財政支出が必要でしょう。「いざ」というときの保険の実態としては今、かなり危うい状況に感じられます。

ちなみに、地震保険では72時間以内に発生した地震は一つの地震とみなされます。万一、東海地震と南海地震が72時間を超えて連続発生し、さらに阪神・淡路大震災のような直下地震が複数誘発されたとしたら、それぞれ一つの地震として保険が支払われます。そんな被害に対し、地震保険での補償は本当に可能なのでしょうか。

やはり、南海トラフ巨大地震に対しては、保険だけに頼らず、建物の耐震化

＊ 2016年度の再保険の配分割合は、再保険会社が約29％、損害保険会社が約3％、政府が約68％でした。

＊ 地震保険上では72時間以内に起きた熊本の二つの地震は一つとみなされます。安政の東海地震と南海地震は32時間の間隔、宝永地震も東海、東南海、南海地震が同時発生しており、「地震保険上」は一つの地震ということになります。

を進め、被害を減らす必要があります。

## 日本から始まる世界恐慌

南海トラフ巨大地震は、今までの地震の延長で考えてはいけません。これまでがリスク（危険）やクライシス（危機）だとすれば、次はカタストロフィー（破滅）になるでしょう。

通常の災害では、災害復興で建設業を中心に内需が潤い、産業が再生します。しかし、南海トラフ地震では国内の産業がズタズタになり、復興するための人的、物的資源がなくなる可能性があります。

さらに最悪のケースを考えてみましょう。南海トラフ地震の前に都心を直撃する首都直下地震が来ることです。歴史的には十分あり得ます。江戸時代中期には、1703年に元禄の関東地震が起き、その4年後に宝永の南海トラフ地震が発生、続いて富士山が噴火したという歴史を忘れてはなりません。

現代の東京を直下地震が襲ったら、最悪、首都機能は壊滅。政治、経済は麻痺します。東京の復興は簡単には進まないでしょう。東京は海抜ゼロメートル地帯に100万人以上が住んでいます。万一、沿岸の堤防が壊れて水が入ると、街は水没。災害後には、そこから水を出さなければなりませんが、そのためには堤防をもう一度つくらなくてはなりません。ポンプ車で水を出すのは相当に大変です。道路や水道が復旧するまで、どれだけの時間とコストが掛けられるでしょうか。事実上、その地域は放棄して、もう二度と人が住めなくなるかもしれません。

そんな中で東海・東南海地震が起きたら……。

世界はその後に南海地震が続くと警戒。まず経済面で日本は売り叩かれます。株安になり、日本の高度技術を海外企業が安く買い叩くかもしれません。そうすれば、日本そのものの衰退につながるでしょう。耐震化などによって地震被害を減らし、軽く大地震をいなして、さすが日本だ、と思ってもらうしか道はありません。

私は、日本の屋台骨でもある中部地区の製造業をいかに残すかがカギだと思っています。産業立国の我が国では、製造業で稼いだお金でサービス業が成り立っています。

来たるべき震災に備えて周到な対策をしておかなければなりません。工場を安全な場所に移転したり、堤防や建物、生産設備を徹底的に耐震化したりして、企業活動への影響を最小限に食い止め、次の地震が来ても大丈夫だと世界に見せ付けることが必要です。

国難とも言える被害に対応するためには、災害対応や復興にも「トリアージ」が必要です。トリアージはもともとブドウの選別を意味するフランス語で、災害時に多数の負傷者を選別し、治療の優先順位をつける行為です。赤や黒のタグを負傷者に付けて、助かる可能性の高い重傷の人から優先します。カタストロフィーのさ中、優先順位をつけ、大事なところを選別するという考え方。非情ではありますが、仕方ありません。

天災は国家の浮沈に影響します。1755年のリスボン地震では、ポルトガルが衰退に向かいました。1783年のアイスランドのラキ火山の噴火は天候不順をもたらし、冷害がフランス革命の引き金となったと言われています。最近では20万人以上が犠牲になった2010年のハイチ地震の後、ハイチは国として崩壊状態に陥りました。

しかし、南海トラフ地震は、それらとも危機のレベルが違います。経済大国である日本の甚大な被害は、グローバル化した世界経済に大きな影響を及ぼし、世界恐慌にもつながると言えます。

北アメリカ東部森林地帯に居住するイロコイ・インディアンの考え方では「すべての人々、つまり、現世代ばかりでなくまだ生まれていない将来世代を含む世代を念頭におき、彼らの幸福を熟慮せよ」というのがあるそうです（西條辰義編著『フューチャー・デザイン』勁草書房）。

例えば、自分の祖父が生まれた時代から、自分の孫が死ぬ時代までを考えれば5世代、200年ほどの時間軸です。200年は関東地震のサイクルにも相当します。

今、生まれてきた子どもたちが高齢者になる2100年ごろ、日本の人口は5000万人まで減少している見通しです。多大な債務を抱え、人口減少や超高齢化社会を迎える日本で、今の私たちがするべきことは何なのでしょうか。それは、安全な社会を子どもたちに残すことではないでしょうか？

赤ちゃんのかわいい姿を見て、将来を思い浮かべ、今こそ一人ひとりが行動するときだと思います。

# 3章
# 「未曾有」は繰り返す

# 歴史を変えた地震

## 真田丸で描かれた二度の地震

2016年に大評判となったNHKの大河ドラマ『真田丸』をご覧になったでしょうか。

主人公は信濃出身の戦国武将、真田幸村（信繁）。タイトルは大坂の陣で幸村が築いた出城の通称で、乱世の荒波を家族の結束で突き進んだ真田家を描いたドラマでした。三谷幸喜さんの脚本や、堺雅人さんはじめ個性的な役者たちの演技は痛快で感動的でした。

しかし、私が注目したのは戦国武将たちの覇権争いはもちろん、それらと

「地震」との関係でした。

ドラマ前半の第14話「大坂」では１５８６年の天正地震の発生で、逃げまどう徳川家康の様子などが描かれました。天正地震は１５８２年本能寺の変を受け、天下統一に走った豊臣秀吉と家康が対決した１５８４年小牧・長久手の戦いから2年後に発生。近畿から中部にかけての内陸を襲った大地震です。

詳しいメカニズムは分かっていませんが、岐阜の阿寺断層や金沢以南の庄川断層、三重を含めた養老―桑名―四日市断層など、複数の地震が連動して起きたと言われています。若狭湾や伊勢湾で津波の記録もあるようなので、海の断層も動いたのかもしれません。被害地域の広さは、内陸最大の地震と考えられている１８９１年の濃尾地震より広域にわたります。

この地震で近江の長浜城が全壊、山内一豊の一人娘だった与祢《よね》が圧死しました。越中では木舟城が倒壊して前田利家の弟、秀継夫妻が死亡。さらに飛騨では帰雲山の山崩れで帰雲城が埋没し、内ヶ嶋家が滅亡に至ります。美濃の大垣城も全壊焼失し、伊勢国の長島城や尾張の蟹江城も壊滅、清洲城は液状化の被

＊私が歴史と地震にこだわるようになったのは、地元の愛知県で戦中に起きた東南海地震や三河地震のことを自分があまり知らなかったからです。被災された方からお話を聴き、ショックを受けました。過去の地震を調べていくと、歴史の節目と地震の頻発があまりに一致しているのでのめり込みました。講演では、一般の人は歴史の話と「危ない地名」の話に関心を持ってくれます。身近だからでしょうか。

害を受けるなど、多くの城や戦国大名に被害が及びました。

家康もドラマでは周章狼狽していました。揺れは比較的小さかったはずの三河ですが、岡崎城が大破したとの説もあります。このとき、秀吉は大軍を大垣城に結集し、ここを前線基地にして三河に攻め込もうとしていました。

ところが、その大垣城は倒壊。秀吉は明智光秀がつくった近江の坂本城にいましたが、慌てて大坂に逃げ帰りました。その後は戦争どころではなくなり、結局、家康と和解することになります。地震がなかったら家康の天下はなかったかもしれず、家康にとっては命拾いの地震だったというわけです。

秀吉のいた坂本城は琵琶湖のほとりにあり、地震で湖のナマズが奇妙な行動をとったという話が秀吉の耳に入ったと考えられます。秀吉は後に伏見城の普請に際して「なまつ大事にて候」、つまり「ナマズ（地震）に気をつけるように」と指示する手紙を書いています。これが地震とナマズを結び付けた最初の記録だとも言われています。秀吉は、長浜とか墨俣といった地盤の悪いところに城をつくることが多かったように感じられます。生まれたのも地盤の弱い中村（名古屋市中村区）でした。

## 「ドラマ」は南海トラフの活動期を描く?

真田丸の第29話「異変」では、番組終盤にまた大地震が描かれました。秀吉の晩年に発生した1596年の慶長伏見地震です。

京都から大阪、神戸に続く有馬―高槻断層帯を中心とした最大級の内陸地震。その4日前には四国の中央構造線が動いた慶長伊予地震が、前日には別府湾を震源とする豊後地震が発生。津波によって大分で多くの家屋が流失し、別府湾に存在したという瓜生島が水中に没したと言われています。5日間で三つの大地震が起きるという、歴史上まれに見る事態でした。

＊ 慶長伏見地震では歌舞伎の演目「地震加藤」（「増補桃山譚」の通称）もつくられました。文禄の役での小西行長らとの確執で謹慎処分中だった加藤清正が、秀吉の身を案じて伏見城に駆け付けると、謹慎処分が解かれてその後の戦乱で大活躍したという物語です（史実とは異なるようです）。

秀吉は中国・明からの使節を迎えることもあり、京都の伏見城を豪華絢爛に改修していました。しかし秀吉の老衰は激しく、癇癪を起こしたり、同じ発言を繰り返したり。家康や幸村を含めた周囲は、すでに秀吉の「死後」をめぐってギクシャクしていました。

不穏な空気と同調するように、城全体を激しく揺さぶった地震。完成間近だった天守閣は大破、御殿も崩れ落ちましたが、寝ていた秀吉は起きるや否や外に飛び出し、辛くも一命は取りとめました。ただし、接待のために集めた美女たちがいた長屋はことごとく全壊、数百人は犠牲になったとみられています。

結局、明との講和は頓挫し、再び朝鮮に出兵する慶長の役が翌年から始まりました。その１年半後、秀吉は死去。日本軍は命からがら撤退することになります。ここから関ヶ原の戦い、大坂冬の陣、夏の陣と歴史は動きました。その間にも１６０５年に慶長大地震、１６１１年に会津地震と慶長三陸地震、１６１４年に新潟で高田地震が発生するなど、慶長年間は地震だらけでした。豊臣家は地震と共に滅亡の道をたどったと言って過言はないでしょう。真田幸

＊ 津波被害が甚大だった慶長大地震（１６０５年）は江戸開府（１６０３年）の直後でした。１６２４年に東海道が整備されましたが、丘の上を通しているのは地震津波の教訓からでしょうか。

村は高田地震の翌年、1615年の大坂夏の陣で命を落とし、豊臣家も滅亡します。

このように、真田丸では地震が二度も登場し、防災畑の人間としてはめったにない興奮と感動を味わいました。しかし、実は大河ドラマで描かれる時代は、南海トラフ地震の活動期と重なっていることが少なくないのです。

最も多く取り上げられているのは、やはり戦国時代。真田丸を含め、それ以前に20作品前後あります。緒形拳の『太閤記』、佐久間良子の『おんな太閤記』、滝田栄の『徳川家康』、渡辺謙の『独眼竜政宗』……。司馬遼太郎原作の『功名が辻』は、天正地震で一人娘を亡くした山内一豊と千代夫妻の物語でした。同じように元禄バブルの終わりから徳川吉宗の緊縮時代を迎える18世紀初頭は宝永地震（東海、東南海、南海地震が同時発生）、江戸時代が終焉を迎える幕末の19世紀半ばは安政地震（東海・東南海の震源域と南海の震源域の地震）、戦争が始まり終戦を迎える20世紀中ごろは昭和の東南海、南海地震に対応します。地震がたくさ

＊ 宝永地震は有史以来最大の南海トラフ地震でした。神坂次郎著『元禄御畳奉行の日記』で有名な尾張藩士、朝日文左衛門の日記は男性週刊誌顔負けのきわどい記述も特徴ですが、この地震のこともちゃんと書いています。彼は熱田台地の上に住んでいたので被害は少なく、後妻の家は台地の下にあり被害に遭ったようです。

宝永地震の4年前には元禄の関東地震が、49日後には富士山が噴火しました。その後、新井白石の正徳の治、徳川吉宗の享保の改革で江戸が立ち直ります。

ん起きると社会が混乱し、それによって、若者が新しい時代を築くドラマが生まれるのではないでしょうか。

# ロシアの戦艦も巻き込んだ津波

戦国時代に次いで人気なのは、幕末から明治にかけての物語。大河ドラマでは13作品もあります。北大路欣也の『竜馬がゆく』を筆頭に繰り返し登場する坂本龍馬は、安政の東海、南海、江戸地震を経験したはずです。龍馬の故郷である土佐・高知は南海トラフ地震の最大の被災地です。

幕末も地震だらけでした。１８４７年には長野で善光寺地震が発生、１８５３年に小田原地震、１８５４

| 時代 | 年 | 地震名 | 主な出来事 | 主な大河ドラマ |
|---|---|---|---|---|
| 戦国／安土桃山 | 1586 | 天正地震 | | 「独眼竜政宗」「太閤記」「功名が辻」「真田丸」ほか |
| | 1592 | | 文禄の役 | |
| | 1596 | 慶長豊後地震<br>慶長伊予地震<br>慶長伏見地震 | | |
| | 1597 | | 慶長の役 | |
| | 1600 | | 関ヶ原の戦い | |
| 江戸 | 1603 | | 江戸開府 | |
| | 1605 | 慶長大地震 | | |
| | 1611 | 会津地震<br>慶長三陸地震 | | |
| | 1614 | 高田地震 | 大坂冬の陣 | |
| | 1615 | | 大坂夏の陣 | |
| | 1637 | | 島原の乱 | |
| | 1677 | 延宝地震 | | |
| | 1678 | 宮城県沖地震 | | |
| | 1685 | | 生類憐みの令 | |
| | 1686 | 遠江・三河地震 | | |
| | 1694 | 能代地震 | | |
| | 1700 | 壱岐対馬地震 | | |
| | 1702 | | 赤穂事件 | 「赤穂浪士」「峠の群像」「元禄繚乱」「元禄太平記」「八代将軍 吉宗」ほか |
| | 1703 | 元禄地震 | | |
| | 1704 | 羽後陸奥地震 | | |
| | 1707 | 宝永地震 | 宝永噴火 | |
| | 1709 | | 正徳の治 | |
| | 1710 | 因伯美地震 | | |
| | 1716 | | 享保の改革 | |
| | 1717 | 宮城県沖地震 | | |
| | 1732 | | 享保の飢饉 | |
| | 1792 | | 島原大変肥後迷惑 | |
| | 1793 | 宮城県沖地震 | | |
| | 1825 | | 異国船打払令 | |
| | 1828 | 三条地震 | シーボルト事件 | |
| | 1830 | 京都地震 | | |
| | 1833 | 庄内沖地震 | 天保の飢饉 | |
| | 1837 | | 大塩平八郎の乱 | |
| | 1841 | | 天保の改革 | |
| | 1843 | 十勝沖地震 | | |
| | 1847 | 善光寺地震 | | |
| | 1853 | 小田原地震 | ペリー、プチャーチン来航 | |
| | 1854 | 伊賀上野地震 | 日米和親条約 | |

年の伊賀上野地震と続きました。善光寺地震は善光寺のご開帳に重なったため、旅籠に宿泊していた多くの参詣客が犠牲になりました。山間地の地震で山崩れも多く、特に虚空蔵山の崩落で犀川にできた堰止め湖が決壊し、下流に大規模な洪水を引き起こしました。

小田原地震の4カ月後には、米の提督ペリーが黒船に乗って来航。浦賀に入航し、開国要求の親書を手渡しました。当時の将軍、徳川家慶はペリー来航の混乱の渦中に病死。家慶の子、家定は病弱で、将軍に就任するのに時間を要しました。

そんな混乱の最中、今度はロシアのプチャーチンが乗るフリゲート艦「ディアナ号」が長崎に来航、その後大坂湾にも出現。大坂版の「黒船騒ぎ」を起こしま

**地震の歴史**（戦国時代末期～終戦直後）

| | | | | |
|---|---|---|---|---|
| | | 安政東海地震 | | 「竜馬がゆく」 |
| | | 安政南海地震 | | 「新選組！」 |
| | | 豊予海峡地震 | | 「龍馬伝」 |
| | | 飛騨地震 | | 「篤姫」ほか |
| | 1855 | 陸前地震 | 日露和親条約 | |
| | | 安政江戸地震 | | |
| | 1856 | 八戸沖地震 | 江戸の暴風雨 | |
| | 1857 | 芸予地震 | | |
| | 1858 | 飛越地震 | 日米修好通商条約／コレラ流行／安政の大獄 | |
| | 1860 | | 桜田門外の変 | |
| | 1861 | 宮城県沖地震 | | |
| | 1867 | | 大政奉還 | |
| 明治 | 1872 | 浜田地震 | | |
| | 1889 | | 大日本帝国憲法公布 | |
| | 1891 | 濃尾地震 | | |
| | 1894 | 庄内地震 | 日清戦争 | |
| | 1896 | 明治三陸地震／陸羽地震 | | |
| | 1904 | | 日露戦争 | |
| | 1905 | 芸予地震 | | |
| | 1909 | 江濃（姉川）地震 | | |
| | 1910 | | 韓国併合 | |
| 大正 | 1914 | | 第一次世界大戦 | |
| | 1923 | 関東大震災 | | |
| | 1925 | 北但馬地震 | 治安維持法制定 | |
| 昭和 | 1927 | 北丹後地震 | 金融恐慌 | |
| | 1930 | 北伊豆地震 | | |
| | 1931 | 西埼玉地震 | 満州事変 | |
| | 1933 | 昭和三陸地震 | 国際連盟脱退 | |
| | 1936 | | 二・二六事件 | |
| | 1937 | | 日中戦争 | 「山河燃ゆ」 |
| | 1938 | 福島県東方沖地震 | | 「いのち」 |
| | 1939 | 男鹿地震 | 第二次世界大戦 | |
| | 1941 | | 太平洋戦争 | |
| | 1943 | 鳥取地震 | ガダルカナル島撤退 | |
| | 1944 | 東南海地震 | マリアナ沖海戦／レイテ沖海戦 | |
| | 1945 | 三河地震 | 終戦 | |
| | 1946 | 南海地震 | 日本国憲法公布 | |
| | 1948 | 福井地震 | | |
| | 1950 | | 朝鮮戦争 | |

した。プチャーチンは交渉地に指定された伊豆半島の下田に向かい、幕府関係者と本格的な交渉を始めます。しかし、その翌日の1854年12月23日朝9時ごろ、安政の東海地震が発生。静岡から三重を中心に強く揺れ、東海道の宿場は家屋倒壊や火災の被害が多発しました。

そして下田に津波が襲ってきます。大波はうねりながら湾内に押し寄せ、下田の街を沈めました。第二波がさらに強烈で、湾に浮かんでいた船は陸に押し込まれ、ディアナ号も錨を引きちぎられ、渦巻きと共に湾内をぐるぐると何十回転もしたそうです。

大破したディアナ号は下田から修理のため伊豆半島の南端を回って戸田《へだ》村に向かいましたが、途中の富士市沖で沈没。プチャーチンら乗組員は地元の人たちに助けられました。乗組員の一人、海軍士官のモジャイスキーが日本の船大工を指導して帆船「ヘダ号」を建造。プチャーチンは日露和親条約締結の後、ヘダ号に乗って帰国の途につきました。このエピソードはロシアでの日本の評判を高め、日本にとっては洋式造船技術が伝わるきっかけにもなりました。

## 災害が幕末の混乱を加速

東海地震翌日に和歌山・高知に甚大な被害を与えた南海地震が起き、さらに翌1855年は飛騨地震、陸前地震、そして江戸地震が発生しました。大河ドラマでは宮﨑あおい主演の『篤姫』で安政江戸地震が描かれています。この地震では江戸の低地の被害が大きく、特に日比谷入り江を埋め立てた今の大手町から丸の内で、大名屋敷が壊滅的な被害を受けました。

水戸藩の上屋敷は残らず崩れ、水戸前藩主の徳川斉昭を支えていた藤田東湖と戸田忠太夫が圧死。尊王攘夷派の力がそがれたと言われています。水戸藩上屋敷は、現在の小石川後楽園、もとは江戸川と小石川が合流する沼地にあり地盤が悪かったようです。斉昭とはライバルの井伊直弼の屋敷は地盤の良い紀尾井町（紀州・尾張・井伊から命名）にあり損害が軽微でした。地震が直弼と斉昭の明暗を分けます。

このような激動の6年間に、全国各地で11の大地震と暴風雨、コレラの流行

＊　安政江戸地震の後、1856年8月に八戸沖地震が発生、9月には江戸を暴風雨が襲い、江戸の多くの建物が損壊しました。翌年は芸予地震が、1858年には飛越地震が発生。飛越地震は富山と岐阜にわたる跡津川断層を震源とする地震で、立山の鳶山が山体崩壊しました。おかげで常願寺川は今も暴れ川です。常願寺川は我が国の砂防の発祥の地です。

が重なり社会が大混乱しました。

　ちょうどこの時期、日米修好通商条約や将軍継嗣問題で井伊直弼と徳川斉昭との対立が深まる中、直弼が大老に就任。安政の大獄が起きて斉昭は失脚し、斉昭を推した島津斉彬も急死しました。安政の大獄では吉田松陰も処刑されます。そして１８６０年に起きた桜田門外の変で直弼が落命し、一気に大政奉還へと向かうのです。

　幕府を倒した薩摩藩と長州藩は、この幕末の一連の地震で被害がなく、力をつけていきました。

　残念ながら、こういった幕末の災害史を私たちはあまり学んでいません。災害と歴史との関わりを学んでいれば、災害を身近に感じ、備えも本気になるのではないでしょうか。次に幕末を描く大河ドラマがあった

**安政江戸地震で被害を受けた人々がナマズに仕返しをしている「しんよし原大なまづゆらひ」**

東京大学地震研究所所蔵

ら、地震の年表と一緒にドラマを観てみると、新しい発見があると思います。

## 関東大震災から開かれた大戦への道

激動の時代といえば大正から昭和の戦乱期です。しかし、この時代を描いた大河ドラマはまだ多くはありません。山崎豊子原作の『山河燃ゆ』、三田佳子主演の『いのち』の2作品ぐらいです。戦前の関東大震災、戦中の東南海地震と三河地震、そして戦後の南海地震や福井地震を本格的に描いた大河ドラマはまだ登場していません。我が国の暗い歴史の一コマであり、まだ記憶に新しくて扱いにくいテーマなのでしょう。しかし、地震の続発と戦争、歴史の転換点に関係があることは間違いありません。2019年の大河ドラマ『いだてん〜東京オリムピック噺〜』では関東大震災などが描かれるようなので、今から楽しみにしています。

1923年の関東大震災は、戦争への道を開く地震でもありました。

＊ 関東大震災では横浜で死者が2万人以上出ました。山下公園は震災のがれきを埋めた場所です。関内は江戸以降の埋め立て地で、関東大震災では壊滅しました。ここに横浜市の重要な建物が集中していますが、防災対策を十分にした方がよいと思います。

死者約10万人のうち約7万人は東京での死者。約3万人は神奈川で亡くなりました。元禄の関東地震の方が規模は大きかったのに、江戸の死者は340人でした。200年後の地震の被害が大きくなったのは、東京の都市計画の失敗が原因だったと指摘できます。1809年に描かれた「江戸一目図屏風」と1920年ごろの鳥瞰図を比べると、全く町のつくりが違うことが分かります。武蔵野台地の東に広がる軟弱地盤に長屋を密集させ、町を広げたからです。江戸時代には武家屋敷として使っていたようなところにも、庶民が住む長屋が密集し、災害危険度が増しました。地価は高いので、家は密集し、安普請。耐震性もまだ低いものばかりだったので、揺れによる被害を増幅させせました。

さらに決定的だったのは火災です。地震が発生したのはちょうど炊事の時間。日本海側を通過中の台風の影響で強風が吹いていました。人々は初期消火に手間取り、火災の拡大を招きました。江戸時代も頻繁に大火はあって火消し役はいましたが、このころの家屋の密集度合いは前近代的な火消しで対応できるレベルを超えていたのでしょう。結局、関東地方全体で約37万棟の住宅被害のう

＊ 関東大震災のとき、東京の市民は江戸の町を壊滅させた68年前の安政江戸地震のことをどれだけ覚えていたでしょうか。現在は、戦争直後の大地震、昭和南海地震や福井地震から約70年。過去の惨禍を忘れてはいけません。

ち、焼失家屋は21万棟に上りました。

人的被害や家屋被害に加え甚大だったのは経済被害でした。日銀の推計では物的損失が約45億円。東京市の推計では52億7500万円とされています。この額は当時の日本の名目GNP約150億円の3分の1、一般会計歳出約15億円（軍事費を除くと10億円）の3倍に相当します。

震災後、政府は被災地の企業や住民が債務者になっている支払いを猶予するモラトリアムを認める緊急勅令を公布。震災手形（震災で支払い不能になった手形）による損失を政府が補償する体制を整えました。しかし、手形の総額は翌年3月末時点で約4・3億円に上り、2年後も半分が未決済のまま。この震災手形の不良債権化が後の金融恐慌の引き金にもなりました。

関東大震災直後の東京・銀座

写真／時事

災害と社会の不穏な動きはシンクロしていきます。

兵庫県北部で北但馬地震のあった1925年には、天下の悪法と言われる治安維持法が制定。1927年の北丹後地震の翌週に昭和の金融恐慌が起こりました。1929年には世界恐慌に発展し、翌年に北伊豆地震が起こり、工事中の東海道線・丹那トンネルでは死傷者が出て工期が遅れました。

社会が疲弊するにもかかわらず、軍部は二・二六事件や日中戦争へと突き進みます。

1941年、太平洋戦争が始まりました。

当初、進撃を続けていた日本軍でしたが、1942年6月5日からのミッドウェー海戦に敗れ、戦争の主導権を失って苦しくなります。その1年後の9月10日にM7・2の鳥取地震が起き、1083人の死者が出ました。鳥取市の中心部は全壊率80%と、ほぼ壊滅状態。鉄道の被害や農産物の被害なども報告されています。この地震からの復興を担当した鳥取市長は、関東大震災の後、内務省で復興に携わった吉村哲三でした。

＊ 東京市長を務めた後藤新平は、山本権兵衛内閣の内相兼帝都復興院総裁に就任、関東大震災後の東京の都市計画の立案に当たりました。吉村哲三はその下で働きました。

## 戦時中の「隠された地震」

太平洋戦争開戦から3年を翌日に控えた1944年12月7日午後1時半ごろ。紀伊半島沖を震源とした東南海地震が発生しました。典型的な南海トラフ地震でしたが、過去の宝永地震や安政地震に比べると規模は大きくはなく、M7・9でした。

強い揺れによる被害は愛知、静岡、三重の3県に集中。津波による被害は尾鷲など三重県沿岸で顕著でした。被害状況は十分には把握できていませんが、公表資料による地震の死者は総計1223人。県別では愛知438人、三重406人、静岡295人、和歌山51人、岐阜16人、大阪14人、奈良3人となっています。

比較的被害が少なかったのは、連日防空訓練に追われていた人々の災害対応力が高かったことが幸いしたのかもしれません。

敗戦の色を濃くし始めたときで、軍需工場が集中した名古屋で大きな被害を出したこともあり、軍部は徹底的な情報統制をしました。このため、「隠された地震」とも言われます。翌日の朝刊（中部日本新聞）は、軍服姿の昭和天皇の写真が1面トップで、3面の片隅に「天災に怯まず復旧　震源地点は遠州灘」という見出しで小さな記事が報じられているだけです。

一方、欧米紙では日本のこの地震が大きなニュースになりました。ニューヨーク・タイムズは1面に「JAPANESE CENTERS DAMAGED BY QUAKE（中部日本で地震被害）」の見出しを掲げ、「１９２３年の大地震（関東大震災）よりも大きい」とか「日本列島では激しい揺れと津波が起きたはず」などと報じました。世界各地の地震計に基づいたデータが分析され、連合国には巨大地震の発生を隠すことができなかったようです。

静岡県の袋井では、太田川下流の軟弱地盤で強い揺れとなり、多くの家屋が倒壊しました。諏訪湖周辺の軟弱地盤も強い揺れに襲われましたが、情報統制もあり単独の「諏訪地震」と呼ばれていました。愛知県も濃尾平野、岡崎平野、豊橋平野などを中心に大きな被害となりました。

＊　震源から離れた諏訪湖周辺が激しく揺れたのは、37ページに書いたメキシコのミチョアカン地震と同じ理屈です。盆地はたらいに入った水のようなもので、遠い地震でも大きな揺れが続きます。

中でも、名古屋市の沖積低地に集中していた軍需工場の被害は、著しいものでした。特に飛行機生産のほとんどを担っていた三菱重工・道徳工場や、半田市の中島飛行機製作所・山方工場の被害は甚大で、戦争継続能力をそぐことになります。これらの工場は軟弱地盤に立地した上に、紡績工場を飛行機工場に転用するときに柱などを抜いたため、耐震的にも問題があるものでした。

私が直接聞いた証言によれば、中島飛行機の工場では地震の当日朝に「戦況が悪化している。昼休みに工場を抜け出さず、ちゃんと頑張れ」と発破が掛けられ、当日午後はそれまで以上に人が働いていたそうです（学徒動員されていた京都三中の人たちが記した、学徒勤労動員の記録編集会編『紅の血は燃ゆる』読売新聞社より）。出入り口の扉の前には、目隠しのためについたてがありました。それがじゃまになり、地震で逃げようとした人たちが玄関でさらにパニックになって、外に出られなかったそうです。全国から学徒動員された多くの若者たちが犠牲になったことは残念でなりません。

＊ 中島飛行機の跡地に最近、半田市役所の庁舎が改築され、設計のお手伝いをしました。やれる限りの安全対策を施し、本当に安全につくりました。

中島飛行機工場での死者は約１５０人。翌週の12月13日には、飛行機エンジンの３～４割を生産していた三菱重工名古屋発動機製作所大幸工場が空襲を受けました。名古屋はまさに震災と戦災を同時に受けることになったのです。

## 忘れてはいけない戦後の災害と教訓

さらに東南海地震発生から37日後の１９４５年1月13日には、愛知県東部の三河地方を震源とする三河地震が発生しました。深溝断層などが活動したM６・８の地震で、東南海地震の誘発地震とも言えます。しかし、死者は東南海地震の倍程度の２３０６人とされています。火葬場が足りず、野焼きで火葬も行われました。米軍機が来ない間に火を焚き、襲来する前にはいったん火を消すなど大変だったようです。

犠牲者が多かった原因は、直下の活断層のずれに伴う強烈な揺れと、未明の地震だったという条件。それに加えて、東南海地震で被害を受け、弱くなった建物が多かったにもかかわらず、金物供出などによる物資不足や出征による大工不足で補修ができなかったことなどが考えられます。

疎開先の寺院が倒壊して多数の児童が亡くなるなど、戦時下ならではの悲劇もありました。情報統制は相変わらず厳しく、被災者は地震があったことすら口外するなと軍から言われていたそうです。

しかし、戦後しばらくも、地震活動が収まる気配がありませんでした。

終戦翌年の１９４６年12月21日未明には、南海地震が発生。四国から和歌山の沿岸を津波が襲い、高知市は地殻変動による沈下で浸水。死者、行方不明者は１４４３人に上りました。

ただし、過去の南海地震と比べるとまだ規模が小さかったことから、大阪は津波被害を免れ、また後述する和歌山県広村は、浜口梧陵のつくった広村堤防のおかげで津波被害を受けることはありませんでした。

福井を大きな揺れが襲ったのは１９４８年の６月。濃尾地震や三河地震の延長線上にある断層帯で起きた福井地震です。

死者は3769人。極めて高い死亡率になったのは、九頭竜川等が堆積させた軟弱地盤のせいだと思われます。福井市内のほとんどの建物が倒壊し、震度階級7が新設されるきっかけになりました。福井市は福井大空襲、福井地震、その1カ月後の九頭竜川堤防決壊と、三度も壊滅的被害を受けましたが、見事に復興したことから「不死鳥（フェニックス）の町」と呼ばれています。

戦後最大の台風被害となった伊勢湾台風の襲来は1959年。名古屋を中心に死者、行方不明者5098人を出したその被災地は、東南海地震で被害が大きかったところと重なります。この被害をきっかけに災害対策基本法が制定されました。

## 「災厄なし」で経済大国に

このように戦災と数多くの自然災害を経験しながら、朝鮮戦争特需をきっかけに復興は少しずつ進展しました。その後、大都市は大きな震災に襲われることのない幸福な時代が長く続きました。高度経済成長期です。震災の災厄なしに、日本は経済大国になりました。

しかし、高度成長やバブル経済が終わったころから、再び大きな地震が連続しています。

1993年の釧路沖地震や北海道南西沖地震、1994年の北海道東方沖地震や三陸はるか沖地震、そして1995年の阪神・淡路大震災、その後、鳥取、福岡、中越、能登、中越沖、岩手・宮城内陸など多くの地震が発生し、2011年の東日本大震災、さらに2016年の熊本地震などへ。

地殻のひずみが地震で解放されて小さい間は静穏で、ひずみが蓄積されると地震の活発期に入ります。西日本で毎年のように地震がやってきて、最後に東海・東南海・南海という巨大地震に見舞われたかつてのシナリオを、今また描いているのかもしれません。

前回の南海トラフ地震の教訓については、東南海・南海地震が戦中・戦後のどさくさの中で起きたため、埋没してしまっています。

地震の静穏期だった高度成長期に、日本人は自然や災害との付き合い方を忘れたように思われます。核家族化で父祖からの教訓も失われました。

地震や火山噴火は歴史を変え、歴史の大きな節目に大地震が連続します。過去の地震と歴史の教訓を、日本人は忘れてはいけません。

＊　地震や噴火は大きく歴史を変えて来ました。有史前ですが、今から7300年前ごろ、鹿児島県硫黄島付近の鬼界カルデラが爆発し、南九州をはじめ西日本の縄文文化が大打撃を受けました。この巨大噴火では関西にも20センチの火山灰が積もりました。

# 「地震の神様」たちの教え

## 三陸地震と伊達政宗の復興事業

ここまで、日本の歴史の動乱と災害について見てきました。日本がこれほど地震だらけだと知ると、もうどうしようもないと諦めてしまうかもしれません。確かに、日本で地震に遭わないようにするには「神頼み」の面もあります。ですが、私たちは度重なる地震を見事に乗り越えてきたことを忘れてはいけません。

私は工学系の研究者ですが、歴史は好きですし、各地の神社を巡って「お守り」を買うことなどもしています。信仰心からだけではなく、日本の神社や礼拝所が地震、津波の教訓をもとに建てられ、その大切な伝承役となっていると思うからなのです。

仙台市内には浪分神社（若林区）や浪切不動堂（宮城野区）といった場所があります。いかにも津波と関係のありそうな名前であることがお分かりでしょう。ここから先は津波を遡上させないぞと、不動像が海をにらみつけている姿を想像してみてください。津波の後にタコのくっついた如来が見つかったとの言い伝えがある淵上蛸薬師堂（太白区）なども有名です。

これらが主に伝えるのは1611年の慶長三陸地震による津波。天正地震から25年後、慶長伏見地震から15年後、慶長大地震から6年後のこと。関ヶ原の戦いを経て江戸時代に入り、仙台藩は伊達政宗が治めていました。

この地震は、三陸沖を中心に北海道沖の震源域を含む超巨大地震だったとも考えられています。地震の呼称を奥州地震とすべきだとの議論もあります。い

＊ 地震の神様ではありませんが、大切な石碑もあります。1933年の昭和三陸地震で人命と家屋の約半数を失った重茂姉吉地区（宮古市）の海抜60メートルの場所には、「高き住居は児孫の和楽　想へ惨禍の大津浪　此処より下に家を建てるな　明治廿九年にも　昭和八年にも　津浪は此処まで来て　部落は全滅し　生存者僅かに　前に二人後に四人のみ　幾歳経るとも要心あれ」と記した記念碑石碑があります。

ずれにせよ、大津波が北海道、三陸や仙台を襲いました。

地震が発生したのは新暦の12月2日、旧暦では10月28日になります。ちなみに新暦の10月28日には1707年に宝永地震が、1891年には濃尾地震が起こっています。前者は有史以来最大の南海トラフ地震、後者は陸域で起きた最大級の活断層地震。「10・28」というのは地震の特異日なのかもしれません。東日本大震災は、慶長の地震津波からちょうど400年後に同じ被災地を襲ったことになります。

伊達政宗は地震発生時、仙台城（青葉城）にいたようです。仙台城は地震の10年程前、政宗が青葉山に縄張りをして築いた高台の城。よって政宗自身は被害を受けませんでしたが、仙台藩の沿岸部では1783人と牛馬85頭が溺死したと記録されています。

地震に衝撃を受けた政宗は、津波を意識した復興事業に力を入れました。政宗の諡《おくりな》は「貞山」で、その名が冠されたのが「貞山堀」。阿武隈川の河口と名取川河口、松島湾（塩竈）を海岸に平行して結ぶ運河で、震災後の復興事業の一つだったと言えます。周辺のクロマツの防潮林も含め、津波の勢いを弱める効果も狙ったのでしょう。

津波で浸水した場所は塩田にして、製塩業を復興事業として進めました。塩釜（塩竈）をはじめ「塩」や「釜」がつく地名が仙台の沿岸部に多くあります。

塩田開発に合わせて新田開発も進めたことで、住民が沿岸部に戻ってしまった面もあります。しかし高台を中心とした基本的な街づくりは、その後の仙台の発展と４００年後の東日本大震災の被害軽減につながったはずです。あらためて独眼竜の眼力のすごさを感じます。

全国五街道の一つ、奥州街道は津波の教訓から、仙台以北は見事に津波被災地を避けて、内陸部を通っています。そのおかげで、東北の主要都市は東日本大震災の被害を軽減しました。

後に、奥州街道に沿ってつくられたのが国道４号や東北自動車道、東北新幹

＊　伊達政宗は、地震の2年後には、家臣の支倉常長を欧州に派遣。仙台藩の復興のために、欧州との交易を進めようとしたと考えられています。1613年にサン・ファン・バウティスタ号が月浦を出帆したのも10月28日でした。

線。東日本大震災では、この南北の軸から櫛《くし》の歯状に沿岸部へと道路をつなげる「くしの歯作戦」によって、早期に緊急ルートが開かれました。また、奥州街道沿いの盛岡市や遠野市などの内陸の都市は被害が少なかったため、沿岸部への救援役にもなりました。

## 貞観地震と東日本大震災

東日本大震災と類似した大地震は、869年の貞観地震でした。岩手、宮城、福島の東北三県を含む「陸奥《むつ》国」を揺らした巨大地震として、平安時代の歴史書『日本三代実録』に詳しく記録されています。

「(貞観十一年五月)廿六日癸未。陸奥国地大震動。(中略)海口哮吼。声似雷霆。驚濤涌潮。泝洄漲長。忽至城下。去海数十百里。浩々不弁其涯涘。原野道路。惣為滄溟。乗船不遑。登山難及。溺死者千許。資産苗稼。殆無孑遺焉」

現代語訳すると、「26日に陸奥国で大きな地震があった。(中略)海では雷のような大きな音がして、ものすごい波が来て陸に上った。その波は川をさかのぼってたちまち城下まで来た。海から数十百里の間は広々した海となり、その果ては分からなくなった。原や野や道はすべて青海原となった。人々は船に乗り込む間がなく、山に上ることもできなかった。溺死者は千人ほどとなった。人々の財産や稲の苗は流されてほとんど残らなかった」。

東日本大震災の津波の光景とそっくりではないでしょうか。

この「城下」とは多賀城（宮城県多賀城市）。東日本大震災でも多賀城市内は広く浸水、人口約6万人のうち188人が亡くなっています。

貞観地震当時の多賀城は蝦夷に対峙する北の砦で、朝鮮に対峙する大宰府と共に最重要拠点の一つでした。このため遠く離れた東北での震災の様子が京まで伝わり、国史にまで記述されたのでしょう。このメッセージを知っていれば、東日本大震災は決して想定外の災害とは言えなかったことが分かります。

貞観地震の被災地を歌枕にした和歌も詠まれています。

「契りきな　かたみに袖を　しぼりつつ　末の松山　波こさじとは」

これは後拾遺和歌集にある清少納言の父親、清原元輔の歌。

「わが袖は　潮干に見えぬ　沖の石の　人こそ知らね　乾く間もなし」

千載和歌集にある二条院讃岐の歌です。

いずれも小倉百人一首の中にあり、恋の歌と言われていました。しかし、「末の松山」も「沖の石」も多賀城市に実在しています。歌に詠まれているのが多賀城市のものだったとして、「末の松山」は津波が越さなかった、「沖の石」は乾く間もなく水に浸かったと解釈したら……。貞観地震の教訓と受け止められますね。実際に東日本大震災では「沖の石」は津波に浸か

「末の松山」と「沖の石」

末の松山
契りきな　かたみに袖を　しぼりつつ　末の松山　波こさじとは
津波痕跡
沖の石
わが袖は　潮干に見えぬ　沖の石の　人こそ知らね　乾く間もなし

り、「末の松山」には津波は到達していませんでした。

## 歴史を軽視した福島第一原発

古文書から分かるのは、京の都を中心とした過去1500年程度の地震被害に限られます。時代や地域によっては史料の数も十分ではないので、古文書だけではすべての地震をカバーすることはできません。このため、遺跡発掘で見つかる液状化跡や、活断層のトレンチ調査で見つかる断層のずれ、ボーリングデータに残る津波堆積物、地殻変動によって河川や海岸にできた段丘の年代などから、過去の地震が推定されています。

それらが古文書の記述と符合すれば、具体的な震源断層を特定でき、過去の地震活動の履歴や活断層の活動度を把握できるということです。ボーリングデータの津波堆積物の存在を面的に把握して、過去の海溝型地震などの発生時期や地震規模を推定することもされています。ですがその精度には自ずと限界

＊『日本書紀』巻第十三に、「允恭天皇五年秋七月丙子朔己丑　地震(ないふる)」という記述があります。西暦416年。これが、我が国の書物に残されている最初の地震です。

があります。

東北電力女川原子力発電所では1990年に、発電所の技師が仙台平野の津波堆積物を調べ、貞観地震による津波被害を突き止めていました。女川原発は過去に津波があった場所であることを前提に設計されました。これが東日本大震災時の女川原発の津波被害回避につながったと言えます。

一方、福島第一原発でも、産業技術総合研究所が周辺でボーリング調査をし、原子力安全・保安院の地震津波委員会で津波の危険を指摘していましたが、的確な対応がされませんでした。福島第一原発は当初30メートルあった崖の土を20メートル削ってつくり、1号機から4号機は海側にディーゼル発電機を置くなどしていました。自然への畏れが足りなかったとも言えます。

不確実さもある古文書や地中に残された貴重なメッセージをどう生かすかが、現代に生きる我々に問われています。

貞観地震の前後には地震や噴火が続きます。887年には南海トラフ地震である仁和地震が発生しました。富士山、阿蘇山、開聞岳の噴火や近畿での大飢饉なども起こり、有史以来最も災害が多かった時代です。この時期に祇園祭が発祥したり、浄土信仰が広がったりしたことからも、当時の社会の様子がうかがえます。

現代の日本も阪神・淡路大震災以来、鳥取県西部地震、新潟県中越地震、能登半島地震、新潟県中越沖地震、東日本大震災が発生し、九州では新燃岳、桜島、阿蘇山、口永良部島などが噴火してきました。

そして今、首都直下地震や南海トラフ地震、富士山の噴火などが心配されています。500~1000年に一度と言われる東日本大震災の発生を受けて、1000年前との類似性が気になります。

たとえこのような災害の続発を科学的に説明できないとしても、過去にあったことは将来起こるかもしれない。そう思って大災害に備え、社会が破綻しないよう万全の準備をしておきたいと思います。地震の神様のもとを訪れるのも、その決意表明の一つだと思っています。

## 「稲むらの火」で命救った浜口梧陵

地震防災の歴史には、「生き神様」と呼べる人たちが登場します。「稲むらの火」の逸話で知られる浜口梧陵（「稲むらの火」の物語上の名は「五兵衛」）もその一人です。下総の銚子で家業の醤油醸造に携わり、浜口儀兵衛商店（現在のヤマサ醤油）を継ぎました。

1854年、安政南海地震が発生し、高知や和歌山などが強い揺れと津波に見舞われました。このとき、紀州広村（現・和歌山県広川町）に帰っていた浜口は、田にあった稲わらに火を付け、暗闇の中で逃げ遅れていた村人たちを避難させました。

震災後は将来の津波対策と村人たちの失業対策のため、私財を投げ打ち堤防の建設に着手。海側には潮風に強いマツの木を、反対側にはハゼの木を植え、高さ5メートル、根幅20メートル、長さ600メートルの堤防を完成させました。

この堤防のおかげで、昭和の東南海地震や南海地震による津波被害を免れることができました。堤防は「広村堤防」と呼ばれ、現在は国の史跡に指定されています。昭和三陸地震津波が東北地方を襲った1933年には、浜口らの活躍をたたえ、広村堤防に感恩碑が建てられました。

浜口のエピソードは、明治期に作家として活躍した小泉八雲（ラフカディオ・ハーン）が1896年に「A Living God」という物語にして紹介しました。この年は6月に明治三陸地震津波が東北地方を襲い、2万人を超える津波犠牲者を出した年です。そのこともあってか、物語の中での地震の様子は安政南海地震と明治三陸地震が入り混じったものになっています。

昭和になって、広村に隣接する湯浅町出身の小学校教員、中井常蔵が「A Living God」を児童向けに翻訳、再構成しました。これが国語教科書の教材公募で採択され、「稲むらの火」として尋常小学校5年生の国語の教科書に掲載

＊ 開国論者だった浜口梧陵は留学を望んだようですが、それはかなわず、故郷の広村に稽古場「耐久社」を開設して後進の育成に勤しみました。耐久社の志は耐久中学校や耐久高等学校に受け継がれ、多くの人材を輩出。中井常蔵もその中学校の卒業生でした。

されました。教材は戦後の1947年まで使われ、津波防災教育に大きな役割を果たしました。これには後に紹介する今村明恒の後押しもあったようです。

その後はあまり活用されていませんでしたが、津波被害が甚大だった2004年のスマトラ島沖地震の翌年、神戸で開かれた国連防災世界会議で「稲むらの火」が紹介され、国内外で注目されるようになりました。2011年には東日本大震災と時を合わせるかのように、小学校5年生の教科書の一つに浜口の伝記「百年後のふるさとを守る」が掲載されています。

「稲むらの火」の物語の主人公は年寄りですが、地震当時の浜口は34歳でした。家も高台ではなくまちなかにあり、物語と史実で異なる部分が少なくないようです。浜口は後に和歌山県の副知事や初代県会議長、駅逓頭（郵政大臣）も務めるなど、さまざまな面で大きな貢献をしました。

安政南海地震の発生した旧暦の11月5日（新暦では12月24日）は、浜口が村人を救ったことにちなんで「津波防災の日」に定められています。広村堤防の近くには2007年に「稲むらの火の館」が建設され、津波防災教育の拠点に。感恩碑の前などでは毎年11月5日に「津浪祭」が行われ、地元の小中学生らが土を持ち寄って堤防の土盛りをしているそうです。祭りを通して津波防災教育が継続することの大切さを感じます。

## 濃尾地震の被害表す「数え歌」

災害被害の伝承ということでは、濃尾地震の「数え歌」が特筆できます。

1891年、岐阜県の根尾谷断層帯を震源に発生した濃尾地震。M8・0の規模は、日本で観測された過去最大の内陸地震です。死者7273人。当時の日本の人口は4000万人程度と現在の3分の1程度です

濃尾地震を描いた「岐阜市街大地震之図」

岐阜県図書館所蔵

から、人口当たりの犠牲者の数は東日本大震災と同等です。美濃（岐阜）と尾張（愛知）の被害が大きかったことから「身の（美濃）終わり（尾張）」地震とも言われました。

この地震をもとにした「地震数え歌」が岐阜県大垣市に残っています。


一つとせ、人々驚く大地震 美濃や尾張の哀れさは 即死と負傷人 数知れず。

二つとせ、夫婦も親子もあらばこそ あれと言うまいぶきぶきと 一度に我が家が皆倒れ。

三つとせ、見ても怖ろし土けむり 泣くのも哀れな人々が 助けておくれと呼び立てる。

四つとせ、よいよに逃げ出す間もあらず 残りし親子を助けんと もどりて死ぬとは つゆ知らず。

五つとせ、いかい柱に押さえられ 命の危ぶきその人は やぶりて連れ出す人もある。

＊「地震数え歌」は、阪神・淡路大震災の光景そのものです。家族を助けようと家に戻って死んでしまう。火事が迫ってくるのに、家族が倒れた家に閉じ込められたまま。助けようと思っても、どっと火の手があがる……。ボランティアや赤十字も描かれています。民衆の中から生まれたこういう歌が歌い継がれることで、人々の間に防災が習慣として残ります。現代のメディアも震災を周年で繰り返し報道しますが、「外からの視点」の感はあります。92－94ページの阪神・淡路大震災のときの神戸新聞社説やラジオから流れた声を含め、「渦中の人」のメッセージは心に残る大切なものです。

六つとせ、向ふから火事じゃと騒ぎ出す　こなたで親子やつれあいや　倒れし我が家　ふせこまれ。

七つとせ、何といたして助けよと　慌てるその間に我が家まで　どっと火の手が燃え上がる。

八つとせ、焼けたに思えどよりつけず　目にみて親子やつれあいや　焼け死ぬその身の悲しさや。

九つとせ、ここやかしこで炊き出しを　いたして難儀な人々を　神より食事を与えられ。

十とせ、所どころへ病院が　出ばりて療治は無料なり　哀れな負傷人助け出す。


歌詞の中身を読むと、阪神・淡路大震災などで経験した被害や災害後の対応とほとんど一緒だと思えないでしょうか。

濃尾地震の被災地には、犠牲者を慰霊するため震災2年後に建てられた震災紀念堂（岐阜市若宮町）や、断層のずれを直接見ることができる根尾谷の地震断層観察館・体験館（本巣市）が建てられています。

震災紀念堂では今でも毎月の月命日に供養がされているそうです。また、被害が甚大だった愛知県津島市の津島街道沿いの古い町並みは、多くの建物が震災直後の１８９２年に建てられたまま残っています。

初心を忘れぬように、何度も訪れてみたい地域です。

## 現代に通じる震災予防調査会の6カ条

濃尾地震では煉瓦造の建物が多く倒壊、１８８９年に全線開通したてだった東海道本線の長良川鉄橋も崩落しました。この地震の分析や被害調査には当時少数だった研究者が関わり、黎明期にあった日本の地震学を飛躍させるきっかけになりました。

東京帝国大学理科大学教授で貴族院議員でもあった菊池大麓《だいろく》は、こうした現地調査や研究成果を受け、震災を予防する国の研究機関創設を決意。帝国議会に建議し、1892年に「震災予防ニ関スル事項ヲ攻究シ其施行方法ヲ審議ス」るための震災予防調査会を文部省に設置しました。調査会は発足時に次の6点を重点課題として掲げました。

一、何如《いか》なる材料、何如なる構造は最も能《よ》く地震に耐ふるものなるや。
二、建物の震動を軽減するの方法有りや。
三、何如なる種類の建物は危険なるや。其取締り法何如《いかん》。
四、日本中何如なる地方は震災最も多きや、一地方に於ても多き部分と少き部分との区別ありや。
五、何如なる地盤は最も安全なるや。
六、地震を予知するの方法有りや否や。

言い換えると「地震予知」「建物の耐震性向上」「過去の地震史の編纂」など、

＊ 震災予防調査会は歴史地震の調査を行い、1904年に『大日本地震史料』としてまとめました。その後も、武者金吉らによる『増訂 大日本地震史料』や宇佐美龍夫らによる『新収 日本地震史料』『日本被害地震総覧』などが作成されています。

今も防災に必要だと言われる課題がすべて書かれています。免震・制振や地震危険度、地盤による揺れの違いなどにも言及していることに驚きます。１００年以上経った現代でも、その達成が不十分なことを恥じ入るばかりです。

調査会は後述する関東大震災をめぐる混乱もあり、１９２５年に廃止され、東京大学地震研究所と震災予防評議会に役割が引き継がれました。震災予防評議会はその後、今村明恒によって設立された（財）震災予防協会に引き継がれ、さらに日本地震工学会の設立と共に活動が学会に引き継がれました。私は、今、日本地震工学会会長の任にあり、その責任の重さを痛感しています。

この東大地震研設立に携わった物理学者、寺田寅彦が開所10周年を機に寄せた銅板の碑文が地震研に掲げられています。そこには以下のように記されています。（抜粋）

本所永遠の使命とする所は

＊　１８９２年に震災予防調査会の出した六つの重点課題は問題提起として完璧です。１２５年経った今、それぞれがどこまで実現できたか検証してみましょう。「一」「三」は耐震基準に反映されています。「二」は免震構造や制振構造で実現しています。「四」「五」の「どんな地盤が危険でどこが安全か」は分かってきて、地震調査研究推進本部のホームページで閲覧できますが、これまでも書いたように、人々はそれをあまり考えずに危険なところにも住んでいます。「六」の予知は現状では困難です。東海地震の予知を前提にした「大規模地震対策特別措置法」の考え方は、本書執筆中に見直されることになりました。

> 地震に關する諸現象の科學的研究と
> 直接又は間接に地震に起因する災害の豫防
> 並に輕減方策の探求とである

研究所の使命は「地震学と防災・減災」と、はっきり書いてあるのです。

しかし現在、東大地震研は地震の発生メカニズムなどの理学系が研究の中心。防災・減災は工学系で主に京都大学防災研究所が中心的な役割を果たしています。

私は原点に立ち戻り、地震学も防災も一体でなくてはいけないと思うのですが、皆さんはどう考えるでしょうか。

## 関東大震災を警告した今村明恒

「地震研究と防災の一体化」を体現した「神様」のような研究者が、実在しま

＊ 防災の研究をする工学系の土木や建築は最近ちょっと厳しい状況です。機械や電気もピンチです。情報、ライフサイエンスは人気です。工学系が絶滅危惧種にならなければよいのですが。

した。明治末から大正にかけて震災予防調査会の活動の中心人物だった大森房吉と同じ時期、東京帝大地震学教室に所属していた今村明恒です。

今村は大森より二つ年下で、大森が地震学教室の助手になったころ大学に入学しました。濃尾地震では調査隊の先遣役として、発生直後に交通の寸断を乗り越えて現地入りしますが、到着したとたんに帰京を命じられ、本格調査の役目は大森らが担いました。

その後も大森が主任教授に昇格する一方、今村は長く助教授の座に甘んじます。しかし、今村は過去の地震記録を詳細に分析し、警告しました。

「過去の江戸に起こった地震は平均百年に一回の割合で発生しており、最後の安政江戸地震からすでに50年が過ぎていることを考えると、今後50年以内に大地震

＊ 東京帝大地震学教室の助手だった大森房吉は濃尾地震の被災地で地震調査。地震の伝播速度を算出し、その平均値を割り出すことで震源距離の推定式を案出。余震回数の大森公式も提案。地質学教授の小藤文次郎は、地表に現れた根尾谷断層を詳細に調査、「断層地震説」を世界で初めて発表しました。

**今村明恒**

写真提供：国立科学博物館

が起きることは必至と覚悟すべきである」と。

安政江戸地震など、江戸で起きた地震は大火災を引き起こしてきました。今村は、当時の東京市では火災を拡大する要因が増加している上に、地震が来れば水道管が破壊されて消火能力も失われると指摘。東京の市街地での甚大な火災被害を予見し、防火対策の必要性を説く論文などを発表していました。

ところが、大森との確執で、今村の論考を紹介した新聞記事が訂正させられたり、大地震の周期説を唱えたコメントを否定されたりします。「ほら吹き今村」とまで中傷される不遇な時期を過ごす中で、1923年の関東大震災がやって来ます。

今村の警告は現実のものとなり、世間の評価は逆転。今村は関東大震災を予知した「地震の神様」とたたえられるようになります。大森とも和解し、この年に亡くなった大森の後を継いで地震学教室の教授に昇進しました。

その後も今村は過去の南海トラフでの地震の繰り返しを分析し、次に心配なのは南海トラフ地震だと考えます。そして私財を投じ、1928年に南海地動

＊ 今にして思えば、今村明恒の関東大震災発生の「予言」は大胆でした。体制派の大森房吉がいさめるのも無理はないという印象を持ちます。しかし今村が偉大だったのは、当時の東京における火災発生の危険に警鐘を鳴らした点です。それは大震災で現実になりました。

＊ 地震などの地球表面上の大きな変動は、プレートが動き、プレート境界で起きるという学説「プレート・テクトニクス」は1960年代に出てきたもので、今村はそれより遥か前に過去の大地震発生の規則性から南海地震、東海地震を警告しました。

研究所を和歌山県に設立しました。ところが、太平洋戦争中は軍に施設を接収され、観測は１９４３年で途絶えてしまいます。まさにその直後の１９４４年12月に東南海地震が発生。今村は「次は南海地震だ」と考え、被災地域の新聞社や自治体にその危険性を手紙で訴え続けました。

しかし、相手にされないまま2年後に南海地震が起こり、災害を減らせなかったことを今村は深く悔やんだようです。この地震の1年後の１９４８年、今村は満77歳で命を閉じました。

地震学を専門としながら、むしろ防災的視点で防災教育や耐震化、不燃化などについて精力的な活動をした今村。先の「稲むらの火」を教科書に掲載することにも貢献したと言われています。今村が残した「君子未然に防ぐ」ことの大切さを肝に銘じ、次なる南海トラフ地震への備えを進めなくてはなりません。

＊ 今村は昭和の東南海地震前日に静岡県・御前崎付近を測量しました。御前崎に行く途中の測量と、帰る際の測量の結果が違い、「前兆すべり」を示すものとして、東海地震予知の根拠にもなりました。現在では測量結果に疑問を差し挟む指摘もあります。

## 寺田寅彦のメッセージ

最後に、前述した寺田寅彦のメッセージをもう一つ紹介します。

著名な物理学者で、夏目漱石の弟子でもある寺田寅彦は、「天災は忘れたころにやってくる」など、災害との向き合い方について数多くのメッセージを残しました。

寺田は、関東大震災のときは上野の喫茶店で地震に遭遇します。直後からとられた記録は、初期微動と主要動との時間差、揺れの長さ、長周期の揺れなど、震源から少し離れた場所での巨大地震の揺れの特徴を見事に表現しています。地震後の下町の惨状や社会の様

寺田寅彦

東京大学地震研究所所蔵

子を端的に描いたこの記録は『震災日記より』として著され、インターネットの「青空文庫」などでも閲覧できますから、一度ご覧になるとよいと思います。

関東地震を皮切りに北但馬地震、北丹後地震、北伊豆地震、西埼玉地震、昭和三陸地震津波が続きました。金融恐慌や満州事変、五・一五事件、国際連盟脱退、二・二六事件など、大戦に向かって社会も暗くなっていきます。函館大火や室戸台風が来襲した1934年、寺田は「天災と国防」という文章を雑誌『経済往来』に記しています。

（前略）いつも忘れられがちな重大な要項がある。それは、文明が進めば進むほど天然の暴威による災害がその劇烈の度を増すという事実である。

人類がまだ草昧《そうまい》の時代を脱しなかったころ、がんじょうな岩山の洞窟の中に住まっていたとすれば、たいていの地震や暴風でも平気であったろうし、これらの天変によって破壊さるべきなんらの造営物をも持ち合わせなかったのである。もう少し文化が進んで小屋を作るようになっても、テントか掘っ立て小屋

＊「草昧」は「世の中が未開で、混沌としていること。国の開け初めで、まだ秩序の整わないこと。未開」（日本国語大辞典）。「ある高さの堤防で小さな災害を制圧したと思っていても、安心した住民が増えることで堤防を越える洪水が起こるとかえって災害を大きくしてしまう」「文明人がつくりあげる大規模なものは災害の被害者を増加させる」「現代社会のシステムは一部の損傷が重大な結果を招く」といった重大なメッセージが83年も前に出ているのに、十分な対策はとられていません。

のようなものであって見れば、地震にはかえって絶対安全であり、またたとえ風に飛ばされてしまっても復旧ははなはだ容易である。とにかくこういう時代には、人間は極端に自然に従順であって、自然に逆らうような大それた企ては何もしなかったからよかったのである。

文明が進むに従って人間は次第に自然を征服しようとする野心を生じた。そうして、重力に逆らい、風圧水力に抗するようないろいろの造営物を作った。そうしてあっぱれ自然の暴威を封じ込めたつもりになっていると、どうかした拍子に檻を破った猛獣の大群のように、自然があばれ出して高楼を倒壊せしめ堤防を崩壊させて人命を危うくし財産を滅ぼす。その災禍を起こさせたもとの起こりは天然に反抗する人間の細工であると言っても不当ではないはずである。災害の運動エネルギーとなるべき位置エネルギーを蓄積させ、いやが上にも災害を大きくするように努力しているものはたれあろう文明人そのものなのである。

もう一つ文明の進歩のために生じた対自然関係の著しい変化がある。それは人間の団体、なかんずくいわゆる国家あるいは国民と称するものの有機的結合が進化し、その内部機構の分化が著しく進展して来たために、その有機系のある一部の損害が系全体に対してはなはだしく有害な影響を及ぼす可能性が多くなり、時には一小部分の傷害が全系統に致命的となりうる恐れがあるようになったということである。

現代の状況を見事に言い当てていないでしょうか。確かに科学技術は安全を高めるために使いますが、コストダウンのためにも利用されます。「バリューエンジニアリング」という言葉も、バリューの中に安全に対する価値観が入っていなければ、安全をギリギリにしてコストダウンに走ってしまうことになります。

また、堤防を高くすればするほど小さな災害は防げますが、いったん破堤すると逆に甚大な被害を出すことになります。建物の規模が大きくなれば、万が一、建物が壊れたときの犠牲者は膨大です。小さな戸建て住宅が分散していた時代の被害とは異なり、東京のような狭い地域に膨大な人が住むところでは、直下の小さな地震でも被害は甚大になります。

また、寺田の指摘の通り、福島第一原発では非常用発電機が作動しなかっただけで、全世界が震撼するような事態となりました。

やはり、影響力が大きな都市、構造物や設備に関しては、効率のみを追求するのではなく、細心の注意と共に、冗長性やゆとりが必要だと感じます。

今一度、寺田寅彦のメッセージをかみしめ、これからの社会のあり方について考えてみる必要があるでしょう。

# 4章
# すぐできる対策とホンキの対策

# 楽しみながらの防災対策

## バッグの中の防災グッズいろいろ

さんざん「防災していない人」のことをダメだダメだと言ってきましたから、私自身の防災対策もご紹介しないといけませんね。まずは普段から持ち歩いているバッグの中身をご覧ください（２０６ページ）。

一番大事なものは、お守りです。

前章でも書きましたが冗談ではなく、私は出張などで行く先々の神社を訪れ、「地震の神様」にお参りをしてお守りをいただいてきます。

茨城県鹿島市の鹿島神宮と千葉県香取市の香取神宮には、大ナマズの頭と尾を押さえる一対の「要石」があります。私はそれぞれの地震、災難除けの「要石お守り」をいただきました。二つの神宮の祭神は、武甕槌大神《たけみかづちのおおかみ》と経津主大神《ふつぬしのおおかみ》。日本神話の大国主の国譲りの際に活躍した神様で、武芸の神様としても有名です。当時、蝦夷が支配していた東北地方を関東でにらみつける役割を担っていたのだと思います。

三重県伊賀市の大村神社にも要石があります。ここではかわいいナマズのお守りがいただけます。鹿島神宮と香取神宮の神様が春日大社（三笠山）に行く途中、大村神社に立ち寄って要石を授けたとの由緒で、地震との縁ができたようです。静岡県浜松市の細江神社は１４９８年の明応地震で津波に流された御神体を祀っていると言われています。ここでも地震除けのお守りをいただきました。

＊　浜松市北区にある細江神社は地震に関する神様です。1498年の明応地震の津波で流出した浜名湖入口の守護神だった角避比古《つのさくひこ》神社の御神璽が漂着し、これをお祀りしています。南海トラフ地震だったと言われるこの地震と津波を人々の記憶に刻んでいます。

こんな感じで常に持ち歩いているお守りは10個ぐらい。もちろん、交通安全や家内安全のお守りも一緒ですが。

他には現金入り封筒。震災直後は被害調査に行くことがありますが、お金が下ろせないかもしれないので、当面必要になるお金を入れています。非常食として携帯栄養食と羊かん、ウェットティッシュにマスク、万能ナイフ、裁縫セットなどの小物。ビニール袋はエレベーターに閉じ込められたとき、小用を足すなどいろいろな用途が考えられます。携帯トイレもありますし、冬用のアルミ製携帯毛布や使い捨てカイロも持っています。

スマホも携帯ラジオも電源が切れたら使えません。乾電池は必需品。三つ口のタップは誰かと電源の奪い

**著者が持ち歩いている防災グッズ**

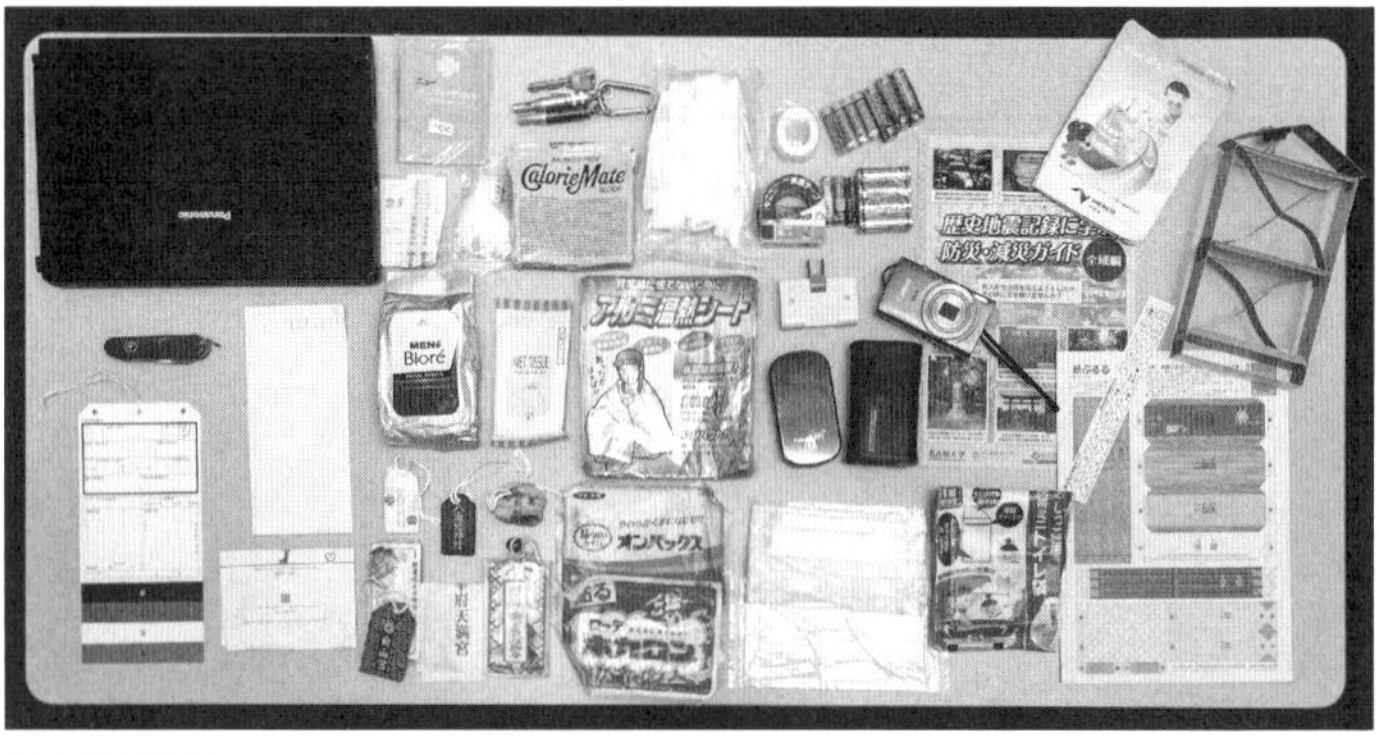


撮影／加藤有紀

合いにならないために。紙の地図は大きな紙だと扱いづらいので「ミウラ折り」のコンパクトなものを用意。宇宙工学者の三浦公亮・東京大学名誉教授が考案した折り畳み方で、一瞬で開けたり畳めたりできるスグレモノです。

常備薬やばんそうこうはもちろん、人工呼吸用の携帯マスクも入れています。誰かを助けるとき、感染症にならないようにしたいからです。

ホイッスルもかなり重要。万人に持っていてほしいものです。がれきに埋もれると、中はほこりだらけ。胸を圧迫されて助けを求める声を出せなくなることが多い。そんなとき、少ない空気で大きな音が出せるホイッスルが役立ちます。100円ぐらいのものからありますが、壊れやすいので500円ぐらいのものがよいでしょう。

ホイッスルの中には名前や家族の連絡先、そして血液型を書いた紙が入っています。災害時には血液検査なんてしている暇はありません。血液型が分かっている人から輸血します。建物の下敷きになると、救出された後に細胞の壊死が原因で、急性腎不全や心不全になることが多い。クラッシュ症候群です。早く輸血を受ければ救命率も上がります。仮に死んでしまっても、連絡先が書いてあるから身元不明にならないので、家族は早めに死亡保険金をもらえるでしょう。

「トリアージタッグ」も自分で持っています。タッグをちぎって、黒や赤などの色にして首から下げれば、優先的に治療してもらえるかもしれない……という目的ではなく、これは講演で見せるためのものです。

大規模災害時には全員が助かることは難しいのです。備えている人が助かるのが現実です。頑張っておけば、自分が生き残る確率は高まります。もちろん、周辺の人を助けるのにも役立ちます。家族や友人に迷惑をかけない一番の方法は、私が災害後も元気でいることだと思っています。面倒くさいなどと思わずに、ぜひ皆さんもやってみてください。

＊ 過去10年間に起きた地震で、死者が1人だった被害地震が五つあります。死因は、石灯籠の転倒、病院のベッドからの転落、書籍が崩れての窒息、本の下敷き、地震による体調不良。比較的規模の小さな地震では、身の回りのちょっとしたことで命を落とします。

# 耐震、自立型住宅

移動の多い私ですが、家の備えも怠らないようにしています。

私は名古屋近郊の人口約9万人の市に住んでいます。里山のすそ野にある田舎の集落で、400～500年前からある敷地に自宅があります。普段の生活はとても不便ですが、防災的にはプラスの面もあります。集落には昔ながらの地域コミュニティーが残っていて、周辺には田畑も広がっています。消防団活動も比較的活発です。

まずは自助、自分で備えることが第一。私は阪神・淡路大震災の調査で古い家屋の倒壊に衝撃を受け、幼子を抱えていたこともあり、震災5年後に築45年の田

著者の自宅では家具をしっかりと固定している

舎家を建て直しました。もともとは愛知に多い「田」の字型プランの昔ながらの日本家屋で、屋根は重くて壁がほとんどなく、柱梁の接合部に釘を使わず金物補強もしていない、耐震的には問題の多い家でした。大学で耐震工学を教えているので、耐震性だけは通常の倍を確保しました。家具の固定はもちろん、最近では庭に井戸を掘り、小さな畑もつくって、太陽光発電に加えて燃料電池と蓄電池も備えました。お金はかかりましたが、余剰電気を売電すれば15年ぐらいでもとはとれます。

普段、家族の中で私が一番危険な場所に出掛けていますので、何かがあったら自分が入る予定の仏壇はしっかり耐震固定しました。今は、成人した子どもたちが災害危険度の高い場所に行ってしまわないかどうかだけが心配です。

家族同士は、災害用伝言ダイヤル「171」の練習を何度もしてきました。家族旅行では、被災地見学や活断層の見学に連れて行くことが多く、家族にはいやがられました。食材は少し多めに買って、普段から新鮮な備蓄分を残して

＊「『田』の字型住宅」は南北に縁側が延び、居室を田の字のようにする間取りです。法要などの行事に使いやすく、愛知では一般的な田舎のつくりです。

＊災害用伝言ダイヤル（171）、災害用伝言板（web171）は、災害の発生で通信がつながりにくい状況になった際に、電話やインターネットを利用して被災地の方の安否確認を行う伝言板です。NTTのホームページに分かりやすく書いてありますので覚えておいてください。大震災後、家族の安否が不明では何も手に付きません。

おく「ローリングストック」法も実践しています。井戸も掘りましたが、お金が足りなくて浅い井戸のため井戸水には大腸菌があり、断水時にトイレの水を流すなどの雑用水がメインのつもり。飲み水には水割り用の水を大量に用意しています。カセットコンロのボンベもたくさん持っているので、ガスがこなくても大丈夫です。どうしようもなくなったら、備蓄してある木質ペレットや庭木を燃やします。ちょっとやりすぎの感は否めませんが、楽しみながら対策をしています。田舎で庭もありますから、排便なども何とかなると思っています。

皆さんの家や部屋はいかがでしょうか？　寝るときは、できるだけ家具のない部屋に寝てください。広い家なら家具部屋をつくるとよいです。それが無理なら、家具が倒れないようにL字金具などで壁にしっかり固定すること。ただし、多くの壁は石膏ボードで、クギやネジが効きませんから、必ず木製の下地があるところを探して、しっかり固定してください。部屋が広ければ、家具の配置を変えるだけでも安全になります。

＊　家具の上に棒を渡してつなぐ、家具の引き出しには下の方に重い物を入れる、突っ張り棒と一緒に家具の下に転倒防止板や接着マットを付ける、などの措置も有効です。

最近では、東京都港区の区営住宅のように、家具の転倒防止のためなら借家の原状復帰義務を免除する自治体もありますので、その点も確認した方がよいでしょう。

「突っ張り棒」はあまりおすすめできません。硬いコンクリートの天井ならよいのですが、木や軟らかいボードの天井だと、あまり効果がないからです。そうした場合は天井との間に硬い板を挟み、突っ張り棒を壁の奥の方につけて、家具の前面の足元に挟む転倒防止板と組み合わせれば効果的です。天井と家具の間を面で押さえる「突っ張りボックス」でもよいでしょう。

意外と盲点なのは、吊り下げ照明や冷蔵庫、大型テレビなどの固定です。吊り下げ照明はブラブラしないように、ワイヤなどで固定する必要があります。最近の冷蔵庫や大型テレビには家具固定用のフックがついていますので、それを使って壁に固定しましょう。

戸建て住宅なら、部屋の中につぶれない部屋をつくる耐震シェルターも30万円ぐらいで設置できます。アーチ状の天蓋のついた防災ベッドに寝れば、寝ていてもつぶされません。本格的な耐震補強ができない場合には、命を守る対策として効果的です。

　家の耐震化は、見栄えさえ気にしなければ、バッテン状の補強材を壁の外に入れれば安価で手軽。家の安全性を確認する耐震診断については、旧耐震基準の戸建て住宅であれば無料でやってくれる自治体がほとんどです。家の耐震補強にも半額程度の補助金を出してくれる自治体が多くなっています。やるなら今すぐでしょう。

　大学に進学したり、結婚したりして新しい場所に住むときは、火災危険度が高い古い木造住宅密集地には住まない。できるだけ道が広い台地など安全な場所を選ぶ。そして、住宅の建築年を調べて、耐震性が高いかどうかを確認してください。難しいことですが、そもそも東京など過密な大都市は、安全な場所は先住の人たちが先に使っていて、危険な場所しか残っていないので、人口密集地には出て行かない方が得策です。便利さと安全、価値観をどうするかですね。そして、お年寄りであれば、老人ホームやグループホームに入るときは、

＊　家康の「清洲越し」のように、先人は街や建物をつくるときに、必ずその地勢を意識していたのです。「危ない」と考えたら街すら移転している。そもそも揺れが酷く水に浸かりやすい低い地盤には住まなかった。しかし、そういうことをほとんどの日本人は忘れてしまいました。

安全な場所の耐震性のある施設を選びましょう。

家を失うと、命、生活、財産のすべてをなくす恐れがあります。南海トラフ地震のような大規模災害では、公的な支援は不足します。そんなのは無理だという人も、家具だけは止めてください。みんなが家具を止めれば、大震災の被害は圧倒的に減ります。まずは自助の基本、耐震化と家具固定を率先しましょう。

## 形だけの「ＢＣＰ」がダメな理由

企業や役所では、ＢＣＰ（事業継続計画）という言葉が流行りになっています。災害や大火災などの緊急事態に遭遇したとき、事業の継続や早期復旧を図るための段取りを日ごろから決めておきましょう、ということです。考え方はよいのですが、問題も多くあります。

「ＢＣＰをつくっていますか」とアンケートを取れば、多くの企業がイエスと答えるでしょう。しかし、中身を見ると十分な計画ではないことが多くあります。

ある大手のメーカーが「１カ月で生産を再開する」とするＢＣＰをつくったとします。それは物流もエネルギーも、水も部品調達も生きていることが前提です。組み立て開始が１カ月後であれば、部品をつくる下請けはもっと早く生産を再開していないといけません。

しかし、そんなに早くライフラインや道路が復旧できているでしょうか。部品を納入する会社がすべて生き残っていると言えるでしょうか。そうは言い切れないと思われます。

下請けも「できていますね」というアンケートに対しては、対策が十分ではなくても、叱られないように「できています」と答えざるを得ないだろうと想像できます。

本来、アンケートは「災害時に困る問題点を事前に把握し対策したいので、正直にできていないことを教えてください。対策ができていなければできるように支援しますから」でなければ本音は出てきません。そもそもの質問の仕方で失敗していると思います。

ＢＣＰは具合の悪いところを見つけて改善するためのもの。褒められるためのものではありません。企業の部品調達先に想定外をなくさせ、対策を促すためにつくるものです。企業やサプライチェーンで起こり得ることを、想像力を最大限に働かせてつくらなければなりません。その際には、担当者の本気度が問われます。

ですが、実態は幹部や得意先に「よくできている」と見せるためのものになっていることが多いようです。「社長や株主に報告するため」のＢＣＰやアンケートばかりです。

「大企業はみんなＢＣＰをつくっている。問題は中小企業だ」とよく聞きますが、実態はそうとは思えません。

本気になってチェックしていないのは、みんな一緒です。東京のコンサルタントに任せて、全国どこの企業も同じようなＢＣＰばかりになっています。ＢＣＰ担当者の中には自宅の家具止めもしていない人も多いです。万一、電気や水、道路、通信が途絶えても最低限の機能を残し、早期に回復できる方策を考えておく必要があります。

私たちは「誰かがうまくやってくれている」と、見たくないことに目をつぶり、人任せにして日々を過ごしています。

皆、当事者意識がなくなり、本気で自分たちの会社を守ろうという人が減ってしまったサラリーマン社会の弊害です。短期的な成果が求められるサラリーマン社長や退職金をもらった役員、もうすぐ退職金がもらえる人がＢＣＰづくりを指示しています。

そんなのはダメです。

ＢＣＰは、若手社員や新入社員と一緒につくってください。彼らはこれから

＊ サラリーマン経営者は毎年の利益など「今」の業績を気にします。将来への責任が持てない社会になっています。

必ず被災して、重大な影響を受けるはずですから。彼らが本気になってＢＣＰに取り組めるような企業文化にしなければなりません。

## 最悪の影響を全部調べる

例えば２０１６年に北海道、東北を襲った台風による農業被害で、ポテトチップスが一時期食べられなくなりました。自動車などの輸送機械メーカーに比べ、食品メーカーは非常に数が多く、１社ごとのシェアはあまり大きくありません。しかも生産から原料調達、物流まで互いにもたれ合っているので、全体像が分かりにくい。だから、どこか1カ所のサプライヤーがダメになったときにどうなるか、影響を調べることが難しくなっています。そのリスクが、たった一つの台風であらわになりました。

自動車メーカーは桁違いのサプライヤーがつながっている業界です。自動車の部品数は3万点にも上ります。トヨタ自動車の場合、一次請けだけで豊田自動織機やデンソー、アイシン精機といったトヨタグループの主要企業など約400社、二次請けが約5000社、三次請けが約3万社あると言われています。

高度な部品では1カ所のサプライヤーでしかつくっていないものがあり、そこがダメになったらすべてに影響することが過去に何度も起きています。

南海トラフ地震は自動車産業の集積地域を直撃する災害です。そのときにどうなるか。自動車各社は、東日本大震災前には「サプライヤーを全部調べるのは難しい」と言っていましたが、大震災の被害を教訓にして、今はできる限り調べるようになりました。

災害時に頼りがいがあるように見える建設業界にも、不安はあります。大手ゼネコンはコーディネーター役で、下請けがなければ工事はできない。今は、個々の工事会社が自社でブルドーザーやショベルカーを持っているわけでもな

＊ 南海トラフ地震は過去、震源域全体が同時に地震を起こしたり、別々に起きたりしてきました。先に西側だけで地震が起きたとき、東海地震が来ると予想される東側の地域の人たちはどんな気持ちになり、どんな行動をとるでしょうか？

い。多くはレンタルやリースを利用しています。最低限必要な重機を自社で持っているだけ。

いざというとき、建設業者は道路やライフラインの復旧を優先するでしょうから、私企業の復旧に割ける戦力は大きく不足します。各事業者で最小限の重機とセメントや砂利を確保して、工員が自らセメントをこねて、簡単な復旧工事を自力でできるようにしなければなりません。それをようやく今、中部の製造業が気づき始めているところです。

「便利な社会は、災害時には多くの不具合が生じる」ということを忘れて、当面の利益や使い勝手を優先して、根本的な問題を先送りしていないでしょうか。そんなことでは、いざというときに企業そのものが破綻します。

企業がやるべきことは、自社を維持するために最低限の業務は何か、最重要部分は何かを考え、事前に対策をしておくとともに、被災時の優先順位を決めておくこと。そこに向けて緊急用の自家発電設備の電気を優先的に確保するなどの準備が必要です。リーダーが全体を把握し、適切に指揮を執れるようにするには、今起きている事態の全体像を即時に把握し、組織維持のために優先度の高いことに注力しなければなりません。そして繰り返しの訓練が大切です。

震災を生き延びた企業は勝ち組になり、復旧が遅れた企業は負け組になります。関東大震災のときは東京のメディアが大きな被害を受け、大阪の新聞社が東京に進出しました。阪神・淡路大震災以降の震災でも、震災後多くの企業が破綻しました。

今は人の批判をするばかりで、自分の身を振り返らない時代です。例えば、社会を糾弾するマスコミの本社は、危険度の高い場所の高層ビルが多い。その屋内の什器も、あまり固定されていない。最悪の事態を考えなければいけないのに、考えようとしないのです。見たくないものは見ない、という実態はあちこちで見られます。

解決策のある問題しか対応しないのは、国や行政の性《さが》です。1000兆円を超える債務を抱え、限られた予算の中で「やれること」しか発言できない。「やれないことは言えない」という習性が身についてしまい、解決が難しい、本質的で深刻なことについては黙りがち。細かいミスで「小さく叱られる」ことを恐れて、大きな本当の問題は見て見ぬふりをするのです。

そんな役所の人たちが、できる範囲での対策をつくってしまうと、みんなその程度でよいのだと、だまされてしまいます。諦観と楽観が同居しているのです。

これでは来たるべき大震災を生き残れません。そんな状況を打破するために、私たちが中部の地元を中心に仕掛けつつある動きをいくつかご紹介しましょう。

＊「やれないことは言えない」のは「根本的な問題は解決できない」と諦めているからです。行政は「土地利用の見直し」とか「安全な場所への駅の移転」など、ハードルが高く抵抗が大きい問題には手をつけたがりません。

# ホンネの会から
# ホンキが生まれた

## 「西三河の会」であらわになった問題

愛知県の中部「西三河」は自動車産業が盛んでありながら、自然豊かで住み良い地域です。西三河の工業出荷額は約23兆円、我が国2位の神奈川県の約18兆円を遥かにしのぎます。

各自治体は、それぞれ自分たちの市町を良くするために努力をしています。

ところが、各市町は独自性を出すのに一生懸命で、隣の市町と連携するという発想は生まれにくかったようです。そんな中、「西三河防災減災連携研究会」が発足しました。9市1町（岡崎市、碧南市、刈谷市、豊田市、安城市、西尾市、知立市、高浜市、みよし市、幸田町）の副市長・副町長を名古屋大学に招き、防災対策を検証するワークショップをやってみました。そこで、驚くべきことが分かりました。

最初に各市町の地図を使って、それぞれに都市計画マスタープランを紹介してもらいました。副市長・副町長たちは「うちの街は中心に市街地があり、周辺にグリーンベルトがあって……」などと「我が街」の自慢話をします。その後、各市町のマスタープランを、ジグソーパズルのピースのように組み合わせて、西三河全体の地図をつくってみました。

全体で見ると最悪の計画になっていました。隣同士の市町で矛盾だらけの独りよがりの計画ばかりでした。特に酷かったのは、緊急輸送道路が市町の境界でつながっていなかったことです。

＊　選挙で選ばれ、その町の独自性を出すことを中心に考えている市長・町長より、副市長・副町長に出てもらう方が連携のためにはよいと考えました。

市役所と消防や病院、避難所などを結ぶ緊急輸送道路は、高速道路や国道、県道などから隣の市町の道を通る場合があります。災害は市町の境界など関係なく起こるもの。消防や救急は広域的な活動もしているのに、こんな道路でどう動けるのでしょうか。

市の境に住んでいる人は、自分の家のすぐ近くに隣の市の避難所があっても、市町村連携がないと、危険を冒して遠い避難所に行かなければなりません。これは2015年の鬼怒川決壊のときに、茨城県常総市の避難で浮き彫りになった問題です。

緊急輸送道路は従来、人の命に関わることを優先していました。このため、製油所からタンクローリーが出る道や、発電所につながる道は市町村道の取り付け道路で、当然、緊急輸送道路になっていません。しかし、製油所や発電所が被災したら、それを直すための道路もつながっていないと結局、人の命に関わります。また、内陸側の豊田市にはご存知のように日本一の自動車工場群があります。しかし、海辺の市の港湾が津波で被災をしたら、物資や燃料を運ん

＊ 道路法で定める道路は128万キロメートル程度ありますが、80％以上は市町村が管理しています。予算的にも人員的にも制約が多く、道路の維持が課題になっています。

でもらうことはできません。生命だけでなく生業も守らなければ生活できないのです。

こうした実態があらわになり、副市長たちは絶句してしまいました。縦割りの弊害は歴然です。こういった市町村間連携は、本来は都道府県や国交省の地方整備局が調整すべきことなのですが、地方自治の流れもあり、調整しにくくなっているようです。地方の出先機関に出向してくる中央官僚は2年ぐらいで東京に帰りますから、短期間に解決できることしかやれないという側面もあります。

西三河の場合は、一番小さな町が「自分たちだけではとてもやれないから助けてほしい」「皆で一緒にやりましょう」と呼び掛けてくれました。自動車産業は各市町に工場が分散しています。ライバル意識があると言われる岡崎市と豊田市も、最後には握手をしてくれ、10市町の連携ができました。同じ船に乗っているという意識で、連携が実現できたのです。私たち大学チームはその仲人役を務めました。

緊急輸送道路などの問題は、今では地方整備局や県も交えて見直しの議論が始まっています。平時は司々《つかさつかさ》が判断する「部分最適化」が効率的ですが、災害時は自治体の内部でも総務や企画、防災、土木、建築、上下水道、保健、福祉など、部署を超えた連携が必要です。大規模災害に対しては、当事者意識を持って、国、都道府県、市町村、産業を超えて、俯瞰的に物事を考える「全体最適化」の視点が欠かせません。

組織には部分最適も全体最適も必要です。この会では部分最適と全体最適を行ったり来たりするような議論が展開されています。

＊ 小さな災害なら「部分最適」の方が役に立ちますが、巨大災害は違います。普段も「全体最適」を頭に置きながら「部分最適」をやるべきです。「着眼大局、着手小局」ですね。

## 70 組織の「ホンネの会」が始まる

似たような横断的な集まりとして「ホンネの会」というのを始めました。初めは私を含め、飲んだくれの仲間4人での飲み会でした。製造業、電力、ガスの防災担当と私です。個々には昔からそれなりの付き合いがありましたが、一度みんなで飲み会をしてみました。ずいぶん、お酒が進んだところで一人が「実は……」と本音の話をし始めました。すると別の一人が「実はうちも全然ダメ」などと言い出したのです。

何がダメかというと、製造業が「電気が止まっても、ガスで発電できるから大丈夫」と言う。ガス会社は「電気がないとガスはつくれない」と言います。しかし電力は「水がないと全部だめ……」と白状します。「でもこういうコトってシラフでは言えないよね」といった具合です。

「産業界の震災対策はダメなところがいっぱいあるんだ」「でも正直には言いにくいんだ」と分かりました。それを何回かやっているうちに「昼間に自治体も入れ

**ホンネの会**

て相互訪問しながらやろう」と「オフ会」を始めました。オフレコの「オフ」と時間外の「オフ」からとった名称です。さらに、3年前からは「ホンネの会」を始め、毎月1回集まるようにしました。

電力、ガス、自動車会社、自治体の話を聞いて、次は「部品メーカーのことを聞きたい」「石油会社の様子を聞きたい」などと広がり、さらに「道路や水、通信、物流を知っている人がいないとマズイよね」と、どんどん人を呼び込むことになりました。誰かが正直に話し始めると、皆ホンネが出るようになります。結局、2017年秋時点で70社くらいが集まる会に発展しました。住民の生命を守ることに専念していた行政も、生業や生活の維持の大切さに気づいてくれました。

入会資格は「自分の組織の悪いところを正直に話すこと」「嘘をつかないこと」の二つ。私は司会進行役、ファシリテーター役で、たいてい意地悪な質問ばかりして発表者を困らせます。いじめっ子みたいなものですが、大学という立場ならではのいじり役となりつつ、接着剤の役目を果たすのが効果的だと思

＊ 巨大な災害は企業、特に製造業にとって危うい事態で、だからこそホンネの話ができるのだと思います。今の社会はホンネが忘れられています。防災のこうした話し合いをきっかけに、人々がもう少しホンネで話せるようになると社会の風通しがよくなると思います。

＊ 嘘をつかないことは大事です。物流業者に「大災害時に運転手は確保できますか」と聞く。お得意様相手だと「大丈夫です」と答えがちですが、実は確保できないことが多い。正直な答えが得られるかどうかで、関係先の大災害時の対応は大きく変わります。他の人に大きな影響を及ぼすことについては、嘘や安請け合いは危険な結果を招きます。

うからです。

話をしてくれる人とは事前にお酒を飲んだり、私の講演を聞いてもらって懇親を深めて信頼関係をつくっておき、問い詰めてもよいレベルを見極めておきます。そして、「差し障りがない範囲で他に迷惑がかかることはちゃんと伝えておこうよ」という具合で口説きます。そうするとほとんどの人は、自社の実情を正直に話してくれます。

業務時間外にホンネを話す機会は重要です。昼間のオフィシャルな会で、すべての議事録が公表されるような場では、差し障りのないことしか話せないのは当たり前です。

ホンネの会では、質問に対して答えにくいことは答えなくてよいことにしています。嘘はつかず、黙ってもらいます。答えは表情や話し方で分かりますから。それでも多くの参加者は、自分の組織の具合の悪いところをできる限り話してくれます。

内容は完全にオフレコ。議事録はとらず、聞いたことを外で話すのも禁止。みんなが内容を頭に入れておいて、自社の防災計画をつくるときなどの参考にしてもらえればよいのです。もちろん、参加組織間で内々に連携を深めてもらうことは歓迎していますし、公にできることは、資料を共有し公表しています。

## 「ダイジョーブ」は大丈夫じゃない

今、大きな会社は縦割りで、本部間でも自分たちの弱みを言いにくくなっています。最近、破綻しつつある大会社と同じような縦割りと集権的な体質が問題の原因です。それを逆手に取って、立場が一番弱い部門から、自社のダメだと思うことを挙げてもらうと、他の部署の人も「うちもダメ」「ここもダメ」と言うようになります。「西三河の会」のときもそうでしたし、ホンネの会の出発時も同様でした。

例えば、電力会社は発電や送電、変電、配電、建設、営業とさまざまな部門があり、それぞれが社長候補を抱えています。

公式の場で、発電部門の人に「自分たちの弱みを言って」と投げ掛けても、なかなかホンネは出てこず、皆「自分たちは大丈夫」だと言います。そんな話を聞いている幹部は各部の実情を知らないから、我が社は完璧だと思っています。しかし、社長候補を出さない小部門は、逆に本当のことを言いやすい。私自身、ゼネコン時代に発電所の耐震設計のお手伝いをしていたので、電力会社の実情はよく分かるのです。

「南海トラフ地震が来たとき、電気はどうして大丈夫と言えるんですか」と私が名古屋の外で問うてみたら、「いざというときには他電力から電気が来ますから」とある電力の担当者は言います。

「でも、他電力も一緒に被災しますよね」と私。

「被災していないところからもらえば大丈夫です」と担当者。

＊　会社の中のどんな部門も、自分のところの弱みを他の部門に知らせたくない心情があります。特に、社長候補を出す部門は、弱みをさらせば候補に「叱られる」ので、そんなことをしたがりません。

「でも東日本と西日本は周波数が違いますよね」と食い下がる私。

「周波数変換装置がありますから」

「でもあれは１００万キロワットが限度ですよね」

「よく知ってますね。でも、大丈夫なんです」……。

こんなやりとりが続きます。

みんな「大丈夫です」というけれど、人から聞いた「ダイジョーブ」なんです。人任せで、自分で納得していない「ダイジョーブ」が多いと感じます。そのことについて真剣に考えたことがない。それはかつての私も同じです。

ホンネの会でも東京の本社から来た人が、「絶対にダイジョーブ」「全部考えています」と言った後、支店の人が「実は現場ではできていないんです」とこっそり教えてくれる、などということはよくあります。現場との距離が出てきたようです。

「ダイジョーブ」としか言えない社会をつくってしまったことを反省する必要がありそうです。社会を安全にするため、「批判社会」から「褒める社会」になれないかと思います。

## 一つ考えると問題ばかり

市町村等の水道担当者はこう言います。

「うちは浄水して送水するけれど、その上は県の企業庁がちゃんとやってくれています。企業庁は被災しても1週間で直すと言っているからダイジョーブ」

「企業庁は○○用水から取水しています。○○用水は○○機構がダイジョーブと言っています」

いえいえ、全然大丈夫じゃない。その水は水資源機構が管理するダムや国交省が管理する河川がなければダメです。組織が異なっていると組織同士では直接、話がしにくいので、上流はダイジョーブだということを又聞きしているだけ。立場的にも、市町村等は、国や機構、県に厳しく問い詰めにくいのだろうと思います。

何度も繰り返しますが、電気をつくるには大量の水と燃料が要ります。水を流し、浄水するには電気と燃料が要ります。石油を精製するには、脱硫のため大量の電気と水が要ります。そして共通して必要なのは、道路と通信です。道路を走って物流を支えるのは、トラックとその運転手です。

そうやって一つ一つ考えてみてください。トラック業界は今、大変ですよね。かつて「トラック野郎」がお金を稼いだのは、いくらでも働けて、いくらでも稼げたからです。今は長時間労働が禁止されて、稼げないから成り手がなく、輸送力が落ちています。それなのに、ネット通販の荷物があふれて大変なことになっています。災害時に、彼らがどれだけ動けますか？

さらによく調べてみると、トラックターミナルの多く

電気・水・燃料の相関図

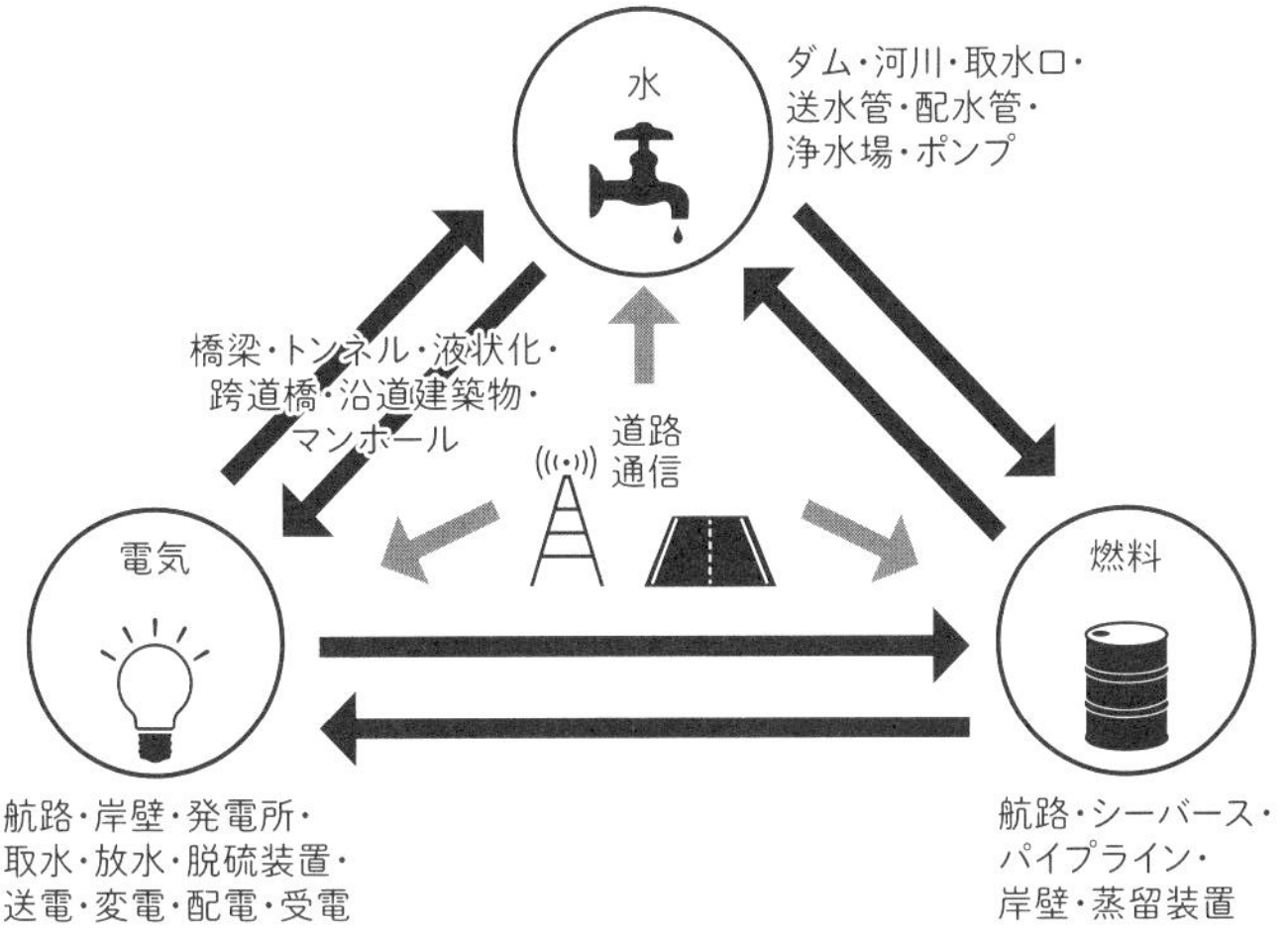

は土地が安い浸水危険度の高いところにあります。

そう考えると、今の複雑な社会は三すくみ、四すくみになって全体がピタリと止まってしまうのです。


電力が震災後3日で供給できるというのは、神戸の経験から。でも、神戸のときには発電所は大きく被災していませんでしたし、震災で使用電力も低下したので、発電の問題はありませんでした。全国の電力会社が支援して変電・配電を早期復旧しました。しかし、東日本大震災で、そうはうまく行かないと分かりました。南海トラフ地震では、なおさらです。

たとえ電気が来ていても、受電設備がちゃんとしていなければ受けられません。その作業員は、被災時には配電を優先して直すので、受電設備の復旧は後回しになります。ちゃんと日ごろから人を確保してメンテナンスをしておかないと、目の前まで電気が来ているのに使えないということになりかねない。本気で考えれば、南海トラフ地震では、電気が復旧するには最低でも2週間はかかることが分かります。

結局、「電気が来なくなったら、製造業は全部止まっちゃうね。名古屋は製造業がこけたらおしまいだね。日本も終わっちゃうよね」——。

こんな本質的な問題に気づくきっかけになったのが、ホンネの会の議論です。いったん気づいて、意識を共有すれば、そこからは「地元愛」のある「地道な」名古屋の人たちです。みんな本気でやろうよという雰囲気ができ、それぞれに役割を持って頑張り始めます。自家発電を増やしたり、井戸を掘ったりする会社が出てきました。火力発電所の耐震化工事も本格化しました。重要施設の取り付け道路を優先して直してもらうよう役所と交渉したり、参加企業の間でいろいろな協定を結んだりする動きも現れてきました。

東京、大阪にいつも後れを取る「三男坊」の名古屋。国にも大事にされてきませんでした。いざというときに大事な役割を果たす基幹的広域防災拠点も、東京や大阪にはあるのですが、名古屋には整備されていません。だから自分たちで何とかしなければならない。そんな意識を皆で持ち始めたのです。

＊　湾岸の埋め立て地にエネルギー施設が集中し、耐震的とは言えない堤防に守られた海抜ゼロメートル地帯に家屋が密集しています。湾岸に立地する製油所、LNG基地、火力発電所、製鉄所を空中写真で見ると、多くの危険が見えてきます。

＊　名古屋人の長所は地道で地域への思いが強いことだと思います。製造業が強いのもこのためです。短所は前向きさが足りなくて保守的なことでしょうか。地道さや、地域への思いは防災にとってはよいことです。

## ちゃんと脅し褒めるとちゃんと動く

国や経済界にもこの危機意識が伝わり始めました。

国にお金がないことは分かっていますが、産業界が防災対策を本格化する環境を行政が整える必要があります。万一、中部の製造業が長期間ストップすれば、我が国は衰退してしまいます。

場合によっては、本当に必要なら産業界自らがお金を出し、インフラもつくってしまうこともあります。

住宅メーカーの一条工務店グループは、300億円を寄付。これを原資にして、静岡県と浜松市が全長17・5キロメートルにわたる防潮堤の整備をしています。同社の創業地が浜松市だったからですが、すごいことです。これをきっかけに浜松市の他の会社や市民もこぞって寄付をするようになったそうです。

もちろん本来、国や自治体がやるべきことはちゃんとやってもらわなければなりません。中小企業を中心に防災対策がなかなか進んでいません。民間企業が防災に頑張ったら、多少のごほうびがあってもよい。そんな発想で2016年9月、中部経済連合会と関西経済連合会が連名で「強靭な国土構造の実現に向けた税制に関する提言」をまとめました。

2017年2月に名古屋市で開かれた衆議院予算委員会の地方公聴会では、中部経済連合会の豊田鐵郎会長が「企業が自主的に行った防災、減災対策に対する税制優遇制度」の導入を与野党の議員に直接要望してくれました。これを受けて4カ月後に、内閣官房の国土強靭化推進室に「民間におけるレジリエンス向上のための環境整備に関する研究会」ができ、私が座長を務めることになりました。

これは日本商工会議所や経団連などと各省庁が参加し、民間のレジリエンス、つまり産業界が被災からすぐ立ち直るために何が必要かを話し合う場です。製造業などは「これがないと私たちは立ち直れませんよ」と正直に白状することになります。「そんなにダメなのか」となったら株価に影響するほどの企業ば

＊ 工場の耐震化、非常用ディーゼル発電機の設置、安全な敷地への移転など、民間が防災を頑張ったら税制を優遇する措置があってもよいのですが、現時点では、税制をいじる場合には代替の財源を出さなければならないなど、ハードルが高いようです。

かりですから、ホンネの会ほど正直には話しにくいかもしれません。しかし、さまざまなステークホルダーがそれぞれにやるべきことを国に伝え、認識を共有する貴重な機会にはなるでしょう。

私の地元では、2017年6月に産官学が連携する「あいち・なごや強靭化共創センター」が名大の減災館内に設立されました。企業がBCPをつくろうとするときに、センターが窓口となって、「絵に描いた餅」にならないようアドバイスをします。また、さまざまな人材育成のための講習も受け持ちます。

こうして、ホンネの会で議論したことを、社会に公式に発信し、実践につなげていく体制も築かれようとしています。大切だと思うことを、ちょっと脅し、そそのかしつつ、長い間発言し続けていると、社会は動いてくれるものだなと実感します。

＊「あいち・なごや強靭化共創センター」では、対象別の防災講演会や、産業界向けのBCP講習、避難所運営、避難勧告、罹災証明や応急危険度判定などに関する行政向けの研修なども行う予定です。効果的な防災戦略の策定や被害予測、組織を超えた災害情報の共有化、耐震化や事前復興計画策定の促進なども担っていきます。

## 危険を逆手にビジネス

他の地域でも、高知県や三重県は元気のよい知事のリーダーシップで、トップダウンで戦略的に防災を「売り」にした活動が始まっています。

高知県の尾﨑正直知事が掲げるキャッチフレーズは「防災産業先進県」。南海トラフ地震で最も被害を受ける同県だからこその備えを、防災ビジネスとして売り出しています。

非常用の着衣やシェルター、避難袋など、多種多彩なグッズやシステムは、高知の企業をはじめ日本の技術が間違いなく世界一です。防災では必ずしも最先端の特殊な技術は求められません。そうした技術は見かけや格好はよいのですが、使いこなせるのはごく一部の人。それでは世界に普及しません。「枯れた」技術でもよいので、発展途上国の人を含め、誰もが簡単に使える安いものが必要です。

ソフト面でも、日本の防災教育はレベルが高く、世界で求められています。

＊ 行政は防災担当を各部局にバラバラに持っています。どの部局でも防災は3番目くらいに大事と考えられていますが、個別の部局に分かれると、3番目では削られる対象になってしまいます。防災担当が集まって部局をつくれば、3番目に大事な部局となり、絶対になくならない組織になります。

これを輸出することによって、人の命を救うことになると同時に日本の文化を理解してもらい、日本のファンを増やすことにもなる。こんなチャンスを、高知の産官は意識しているようです。

三重県は鈴木英敬知事を先頭に、国が主導する災害情報ハブの推進役として、災害情報の活用や発信に積極的です。国の防災科学技術研究所などと連携し、熊野灘沖に設置されている地震・津波観測監視システム「DONET（ドゥーネット）」の情報をリアルタイムでチェック。津波を検知すれば、沿岸部への到達時間や最高津波高などを即時に計算して県庁で受信、一定の津波高を超えれば一般にも緊急速報メールを配信して、高台への避難を呼び掛けるシステムを運用し始めました。和歌山県でも同様のシステムが稼働しています。

鈴木知事は中央防災会議の議員や全国知事会の危機管理・防災特別委員長にも就いています。以前、私が同席したシンポジウムでも、一般参加者を前に三重県の対策の現状を見事にプレゼンテーションしつつ、隣にいる国交省の中部地方整備局長に、ちゃっかりインフラ整備のアピールをしていました。地域を守るためのトップセールスのすごさを感じます。

行政はついつい、財政難や産業が逃げていくことを恐れ、災害の危険情報を発信することを躊躇しがちです。しかし、知事たちのトップダウンで防災が進んでいる両県を見ると、災害危険度が高いことを逆手に取って、自分たちが備えながらビジネスにもしています。

大事なのは「悲観的に想像し、楽観的に備える」という態度です。いろいろな事態を想像し、あらゆる「想定外」を考えて「楽しく」足元から備える。

高知県も三重県も「悲観的に想像し、楽観的に備える」ことを実践しているとも言えます。

## 「口うるさい人」がいないと進まない

トップダウンということでは2006年のことになりますが、当時の小泉純一郎首相と安倍晋三官房長官の前で、耐震化のプレゼンテーションをする機会がありました。内閣府の中央防災会議の下に設置された「災害被害を軽減する国民運動の推進に関する専門調査会」の中間報告の一環として、耐震化や名古屋での啓発運動を紹介することになったのです。

私は耐震教材として開発した「ぶるる」シリーズ一式を首相官邸に持ち込み、小泉さんと安倍さんを前に実験をしました。「木造倒壊ぶるる」は木造住宅の筋交いのあるなしで揺れや倒壊の仕方が変わることを示

中央防災会議で「紙ぶるる」を手にする小泉首相と安倍官房長官（当時）

写真／時事

す模型。「パラパラぶるる」はそれをパラパラ漫画の要領で見ることができる冊子。そして「紙ぶるる」は紙を格子状に組み立てて、地震に弱い建物の特徴が分かるペーパーキット教材です。

小泉さんも安倍さんも、楽しそうに「ぶるる」を揺らしてくれました。このとき、私は超高層ビルの長周期地震動対策も十分ではないことを申し上げました。すると小泉さんは表情を変え、私に向かってこう言います。

「福和さん、あなたは間違っているのではないか。超高層は『揺れるから安全だ』と私は聞いている」

私は即座に答えました。

「いえ、昔は地震の揺れというのはガタガタ揺れるものだと思われていました。しかし、大きな地震ではゆさゆさと長周期で揺れることが分かってきました。長周期の揺れは今の超高層ビルは苦手なんです」

「本当か?」

小泉さんは半信半疑な表情で話を聞いてくれました。

その後10年経って、国が具体的な長周期地震動対策をようやく打ち出してくれました。私たちが長周期地震動についてうるさく言い出し、NHK名古屋で初めて長周期地震動をテーマにした特番をつくってもらったのは2003年。それから数えると実に14年が経って、社会も動き出したことになります。

言いにくいホンネも言うちょっと「口うるさい」人がいないと、面倒な防災対策は進みません。おせっかいな人が脅したり、すかしたり、褒めたり。人の感情に訴える道具や物語をつくって、ホンキになって伝えることも役に立ちます。時間はかかりますが、言い続けていれば少しずつ実現していきます。

元総務大臣の増田寛也さんは「地方創生には人が必要」「能力よりは『やる気』と『連携力』が大事」と指摘しています。能力は「ゼロから100まで」しかありませんが、やる気は「マイナス100からプラス100まで」幅があるそうです。やる気のなさは力をそぎますが、やる気があれば苦難を乗り越えられます。やる気のある人たちに連携力を掛け合わせれば、怖いものなしなのです。

＊　議論が始まってから10数年の歳月を要しましたが、国が具体的な長周期地震動対策を打ち出したのは画期的なことです。これまで日本の社会は「痛い目」に遭わなければルールが変わりませんでした。今回は「痛い目」に遭う前に変えられたという意味で、日本も捨てたものではないと思います。

## 地域の「ホームドクター」になるために

日本の防災は多くの場合、トップダウンで国から都道府県、都道府県から市町村という流れで取り組まれるのが実情です。中央防災会議が南海トラフ地震や首都直下地震の被害想定を出し、地震防災戦略をつくり、災害被害を軽減するための国民運動へと展開していったことは大きな成果でした。

一方で市町村レベルまで見ていくと、行政が頑張っているところは行政任せになり、住民は動かない。住民が頑張っているところは行政が動かないから、住民だけが頑張り続けることになっています。トップダウンとボトムアップがそれぞれ動き相互補完することが重要ですが、なかなか一筋縄ではいきません。

「人が動かない」ときには「しつこくやる」しかありません。多くの人は、地震の危険性は理解していても、それが「納得」できていないから動かない。腑に落ちていないから。体に染み付いていないからです。納得するには、体感できる教材が役に立ちます。私たちが「ぶるる」という実験道具を一生懸命開発したり、建物ごと揺れる大きなぶるる「減災館」をつくったりした理由はそこにあります。

ただ、納得しても行動するとは限りません。「自分のことではない」と考え、「我がこと」と思わないからです。

そのための道具として、自分の家の昔の土地利用や地域の過去の災害が分かる「今昔マップシステム」や、自分の建物の安全性を確認できる「建物倒壊シミュレーター」などをつくってきました。これは、自分の住んでいる場所や、建物の築年数、構造、家具のある場所や大きさなどを入力すると、建物がどう壊れて、家具がどうやって倒れるのかをシミュレートすることができるソフトです。

これを一人ひとりが体験してみると、「あ、これは自分がこれから経験することなんだ」と、初めて「我がこと」として考えられるようになります。最近ではバーチャルリアリティを使ったシステムも開発しました。

でも、残念ながらそこまでやっても、行動しない人が多い。耐震にはお金もかかりますし、お金のかからない家具の転倒防止でさえ、面倒だからと言って先延ばしにしてしまう。

そんな人は「決断」させなければなりません。後ろから押してあげる応援団が必要です。

地域を愛し、震災を我がことと捉えて行動できる人たち。町内会長や地域のリーダーなど、住民と接する機会の多い人たち。啓発役を育成して、「防災リーダー」になってもらうのです。

決断はしても、なお「行動」に踏み出せない人がいます。誰も解決策を示してくれないからです。お金の話が分からない、詳しい工法が分からない、信頼できる業者がいない……。もう一歩、背中を押してあげる人が必要です。

その人たちを私は「ホームドクター」と呼んでいます。愛知県では、このために産官学が連携した「あいち防災協働社会推進協議会」が「防災・減災カレッジ」を開催し、行政、企業、地域で活躍する人材を育成しています。また、

＊　リーマンショック後の2008年ごろ、地元の財界人から注文されました。『大地震が来る来る』と煽ると、企業も人もいなくなってしまう。大地震が来るなら、むしろそれを逆手に取って、名古屋がもっと活性化するような取り組みを（大学が中心になって）やらなくてはいけない』。そうしたことから、減災連携研究センターを構想しました。

「愛知建築地震災害軽減システム研究協議会（減災協議会）」を設立して、耐震化アドバイザーを養成しています。

ホームドクターは決して高度な専門家である必要はありません。家の事情を外見も内情も知った上で、資金のことも相談に乗り、この人がどういう行動をとれば一番幸せになるのか。そこまでを考えてあげて、適切な助言や窓口を紹介できるような人です。

このホームドクターが、まだどこの地域にも十分にいないのです。

こうした取り組みは1、2年のスパンではなく、10年、20年と時間をかけて地域を少しずつ変えていくような話です。最初に動き出すのは1人か2人で構いません。その1人、2人が少しずつ輪を広げ、10人、20人になってくると、ボトムアップの防災が地域に根付いてくることになります。

こんな前向きな防災・減災の取り組みを情報交換する仕組みが、内閣府防災担当を中心につくられ始めています。「TEAM防災ジャパン」（https://

bosaijapan.jp/）のホームページをご覧ください。各地のホームドクターが登場し、全国で展開されている元気な取り組みが紹介されています。これらを参考にして、皆さんの地域でも楽しく防災活動を始めてみてください。

こんな活動の一歩目を記した『防災でも元気印「恐るべし名古屋！」——その仕掛け人たち』（時事通信社）というオンデマンドブックレットが10年前に出版されています。

次章では、この本を読んでいる皆さんに「大切なものを守れる人」をネズミ算式に増やしていってもらえるよう、最後にもうひと押しして、意識を変えていただこうと思います。

# 終章 意識を変えれば何でもできる

## 「答えをもらう社会」への違和感

私が建設会社の新入社員の研修のとき、高層ビルの設計でどうもおかしいと思うことがありました。そのままではいかにも耐震性が低い。

「変じゃないですか」と私は先輩に聞きました。

すると先輩は「みんなそうしているのだから、それでいいんだ」と答えました。

他の建物が壊れるときは、自分の建物も壊れる。他の建物が壊れないときは、自分の建物も壊れない。そうじゃないと過剰設計をしたことになるのだと。自社だけ壊れてもいけないし、自社だけ最後に残ってもいけない。お客さんもそれを望んでいるのだから、と先輩に説教されました。

先輩の言葉は、業界の「基準」としては間違っていません。建築基準法の「第一条」はこう書いています。

「この法律は、建築物の敷地、構造、設備及び用途に関する最低の基準を定めて、国民の生命、健康及び財産の保護を図り、もって公共の福祉の増進に資することを目的とする。」

法律が「最低限でいいよ」と言っているのです。だったら社会の意向に応じて耐震性もコストとの兼ね合いで考えればよい、というのが建築界の「常識」でした。それに疑問を呈した若かりし日の私は「非常識」でした。

でも、それで本当に大震災から日本社会が守れるのでしょうか。

熊本地震の激震地では、耐震基準が改正された1981年以降の建物でも、約6割が被害を受けました。理由は簡単。「基準」で考えているより強い揺れが来たからです。建築基準法を満たしているからといって、絶対に安全だとは言えない。しかし、そういう本当に大事なことを、声を大にして言う人が少ないのです。

昔の人は家をつくるとき、ちゃんと自分で大工さんと話をしていました。お互いにホンネで話ができました。今は住宅メーカーに任せきり。ビルをつくるのも設計者やゼネコンに任せきり。ホンネはタテマエにすり替わります。地震対策のことだけでなく、日本は大事なことを言いにくい国になってしまいました。

自分で考えずに、知りたいことだけ答えを求める社会。スマホで検索すれば答えが出ることに慣れてしまったからでしょうか、答えが明快な受験勉強のしすぎでしょうか。皆、現実を直視せず、虚構の世界に生きているようです。だから自然そのものの怖さを、みんな忘れてしまったのでしょう。

映画『太陽の蓋』で、福島第一原発から電力会社の社員が撤退するかどうかをめぐり、「電力会社に撤退するなと言える権限は今の政府にない。どうやって法的に正しいと言えるんですか」と、官僚が官房長官に詰め寄る場面がありました。この官僚の主張も法的、政治的には間違っていません。

日本は法治国家であるのは確かです。しかし、絶体絶命の事態だったら、法

＊ 自然は、日常と非日常で姿を変えます。寺田寅彦が「日本人の自然観」で述べた「大自然は慈母であると同時に厳父である」との言葉を忘れないでおきたいと思います。

を超えた判断も必要だと私は思います。

多くの優秀な官僚を私も知っています。彼らは若いときから猛勉強をして、どんなことでもすぐにマスターし、どんな状況でもその知識を生かせるスーパーマンのような人たちです。しかし、有事には知識が役に立たなかったり、足かせになったりすることもあります。頭の良い人ほど減らず口を叩くこと、できない理由を言うのが得意なことって、会議でよく経験しませんか。

一方で、専門家は自分の知っていることが限定的だということを忘れて、自分は全部知っていると勘違いしがちです。限られた分野での先端の専門家と、薄く広く知っている官僚だけに舵取りを任せていたら、原発事故のようにろくなことにはなりません。両者がその間をつなぐ努力をする必要があります。

専門一直線の人を「I」型人間だと表現すると、専門に加え多少の幅もあるのは「T」型人間、二つの専門を持つのは「Π」型人間と言えます。これに対して、多くの専門的な問題の本質を理解して、俯瞰的に考えることができるのは波型の「ゲジゲジ」人間とか「剣山」人間と言えましょうか。語感は悪いですが、今はこうした総合的な「目利き」のできる力を持った教養人が求められている気がします。

## 「言いっぱなし」はダメ

教養人ということでは、3章で寺田寅彦を紹介しました。寺田は「天災と国防」をはじめ、防災について非常に先見性のある鋭い文章を残しました。素晴らしい教養人でした。ただし、その文章は誰に向けて書かれていたかというと、一般の人ではなくて、知識人に対して語り掛けていたように見えます。

一方、関東大震災を予見した今村明恒は、自らの専門を小学校の教科書なども使って子どもや一般人に広く伝えようとしました。私財を投げ打って地震研究所をつくり、南海トラフ地震が来ると想定される地域の市町村長には手紙を書きました。

今村は、研究分野に凝り固まらず、社会の実態に危機感を持って率先垂範をしました。関東大震災を事前に警告したのも、火災や家の構造など、地震学以外のことも勉強していたからです。アカデミズムに評価はされなくても、広く「社会のありようを変えたい」というのが今村の望みだったのでしょう。寺田と今村の差は、教養人と実践者の違いだと感じられます。

今、寺田寅彦や今村明恒のような学者がどれだけいるでしょうか。

「自分は指摘しておいたからね。行動しなかったのはみんなが悪いんだからね」と、アリバイづくりで済ませてしまいがちになっています。「知っていることを話す」という仕事だけしていれば、十分責任は果たしているかもしれません。でも、防災では「相手に何をしてもらいたいか」を心を込めて語り掛けなければ、何も変わりません。

＊　私が建設会社の新入社員だったころはＴＱＣ（総合的品質管理）が華やかでした。その用語で言えば、「自分は指摘しておいたからね」というのは「プロダクト・アウト」（技術先行で売り込む）です。相手の人に何かしてもらいたくて話すのは「マーケット・イン」（市場の必要に応じて販売する）です。この二つは全く違います。

私が2011年に当時の大阪府知事だった橋下徹さんに咲洲庁舎の耐震性の問題を指摘したときは、共振現象をどう伝え、庁舎移転を再考してもらうかを一番に考えました。

「咲洲庁舎は共振する。防災拠点としてはふさわしくない」。

こう説明することが私に求められていた役割だと感じました。

だから小泉さんや安倍さんにしたのと同じように、橋下さんのためにも「ぶるる」を持参して共振の問題を理解してもらおうとしたり、私の主張をしたためた「檄《げき》文」のような文書を検討会で配布したりしました。

橋下さんは「ぶるる」を使った共振実験でデモした後、「でも、咲洲庁舎が壊れることはないでしょう」と質問されたので、私は「いえ、分かりません。壊れるかもしれません」と言うと、さすがに橋下さんの顔色も変わりました。この直接会談の直後、橋下さんは「庁舎の全面移転を中止する」と記者発表してくれたのです。

弁護士出身の橋下さんは潔い方で、具合が悪いと思えばサッと引き下がる人でした。私のような「おせっかい」な人間も多少は貢献できたかなと思っています。

## 実感すれば人は変わる

私の知り合いのある放送局の幹部は、東日本大震災のとき、東京の自社ビルの高層階にいてけがをしました。緊急地震速報を見に行ったら、機材の置いてある棚が倒れてきたそうです。その棚は家具止めがしてありませんでした。

「3・11」のときに東京の高層ビルで、実際にけがをした人は他に知りません。

この放送局は、地盤の良い台地にあります。それが東北の揺れでこのありさまですから、首都直下地震ではどうなってしまうのでしょう。この幹部は素晴らしい方で、大いに反省し、「次の地震のときには一番安全な放送局にしよう」と、会社全体で家具止めを徹底させたり、建物に制震ダンパーを入れたりするよう指示してくれました。

私はテレビ番組に出演するとき、いろいろな装置を使って長周期の揺れを再現します。十数年前、名古屋のある局で女性アナウンサーに台車の上に乗ってもらって、左右から綱引きのように引っ張り合って往復3メートルの幅で揺すりました。後ろに超高層ビルの風景をCGで映し出して、「これが長周期の揺れだ」とやったわけです。

東京スカイツリーの構造設計者と会ったときは、一緒に揺れを体感しようと、スカイツリーの展望台の上まで行って一緒に全力疾走しました。

スカイツリーが建つ地盤の周期は10秒前後、展望台の揺れは往復10メートルくらいなので、2人で一緒に、往復10メートルを10秒で何度も往復しました。幸か不幸か曇天で見晴らしがよくなかったので、外の風景を見ながら走ることはできなかったのですが、息が切れました。周辺の人たちは不思議そうに私たちを見ていました。一緒に走った構造設計者もびっくりした顔でした。同じようなことは、これまでにいろいろなビルで何度もやってきました。多くの設計

＊ 台車の上に人を乗せ、左右から綱引きのように引っ張って台車を大きく移動させれば、超高層ビルの揺れが再現できます。5秒で往復4メートル揺すると、200メートルクラスの高層ビルの揺れになる。これを通して、多くの人は家具固定の大切さを理解します。

者は、計算はしているのですが、計算した数字を現場で実感することはほとんどないからです。

講演会などでも、私は舞台の上で、萩本欽一さんがやっていた「欽ちゃん走り」をして長周期の揺れを再現します。キャスター付きの机が使えたら、主催側の担当者に机の上に立ってもらい、机をグラグラ。「足を広げて踏ん張ってみて」と指示すると、上に乗っている人は揺れませんが、「足をそろえて手を挙げて」と言うと簡単に揺さぶられてしまう。これは「超高層ビルのポーズ」です、と。

次に「揺れに合わせて足をふにゃふにゃ動かして」と言うと、また体は揺れなくなります。これは「免震構造や制振構造」の原理。こんなふうに体を使って説明すると、よく分かってもらえます。

講演の前には早めに会場へ行き、建物の玄関にある定礎に彫り込んである建

＊ 2010年に、名古屋テレビ塔で耐震対策が問題提起されていたので、30人ほどで展望台に上がり人間が建物を揺する「人力加振」の実験をしました。メトロノームを使い、テレビ塔が揺れやすい周期に合わせ、左右に体を動かしてもらいました。外からでも分かるほど揺れました。ちなみに、名古屋テレビ塔は旧日本興業銀行本店や東京タワーを設計した内藤多仲による日本初の集約電波塔です。

築年代を見て、1981年以前の建物かどうかを調べます。そして基礎周りの地盤沈下やクラックなどをデジカメで撮影。さらに、講師控え室の家具固定されていないロッカーをパチリ。そして事務室もついでにパチリ。パソコンに取り込んでおいて、講演が始まると真っ先にその具合の悪いところをプロジェクターで映し、「こんなところで講演させるなんてマズイ人たちですね」とチクリとやります。

そんな「主催者いじり」は、皆さん当事者意識を感じて喜んでくれますし、主催者の対策誘導にもとても効果があります。多くの場合、後日、対策結果をメールしてくれます。

人に嫌われる言いにくいことを言う。それをできるだけちゃめっ気たっぷりに。最近は、なかなかそれができにくい社会になっています。私もプレッシャーは多々感じていて、いろいろな人たちから「そんなことを言ってくれるな」と叱られることもあります。そのうち刺されるかなと心配もしますが、

「言ってくれてありがとう」と感謝されることが多くあります。だから私は、元気なうちはちょっと嫌われる「おせっかい役」をできる限りやっていこうと思っています。

# 「予知」は完璧でなくていい

今、さまざまな分野が細分化しすぎています。学者も研究分野ごとに狭い世界で張り合い、論文書きや予算の取り合いをするばかり。その弊害もあって混乱しているのが「地震予知」の問題です。

昔から地震にはさまざまな予兆があると言われてきました。1975年に中国・遼寧省の「海城地震」で前震をもとに予知ができたという話があり、日本でも東海地震に対する予知態勢を整備。1978年に大規模地震対策特別措置法（大震法）ができました。

私は、当時の社会情勢を考えるとこの法律の制定自体は悪くなかったと思っ

＊ 中国では遼寧省で1975年2月に発生した海城地震で予知に成功しました。海城地震はかなり前兆現象がある地震だったようで、前震もあったそうです。

ています。しかし、制定から40年近くが経ち、地震の物理やメカニズムが明らかになるとともに、予知はそんなに単純なことではないと分かってきました。

東海地震は震源の半分ぐらいが陸の下で、直前にプレートの「前兆すべり」が観測されるはずだと思われていました。しかし、前兆すべりはいつもちゃんと出るとは限りません。実際に前兆すべりが起きても、必ず大地震につながるわけでもないようです。また、南海トラフ地震までつなげて考えると、震源域はほとんど海の中なので、陸側の観測だけでは不十分という指摘も出てきました。

過去の南海トラフ地震では駿河湾域の東海地震だけが単独で起こることはなかったのに、東海地震の「単独説」にこだわってしまったのも問題です。長年マスコミも含めて見直しや否定がしづらい空気をつくってしまいました。研究者は予知を否定しなければ観測の予算がつきやすく、論文を書く材料が得られるということにもなります。

しかし、「3・11」で地震学者たちも反省をしました。「責任ある予知はできない」「地震学者は無責任に予知に関わるべきではない」。最近はそんな声が聞こえてきているように思います。今さらそんなことを言わないでと、思わず言ってしまいたくなります。「できません」とお手上げ状態になってしまっては社会が困りますので、前兆現象の確度に応じた対応を社会と共に考える必要があります。

そもそも我が国の地震学は「人の命を守る」のが目的で始まったはずで、純粋科学ではなかったと思います。観測だけをして、判断を投げてしまうのもおかしい。100％正しくはないにしても、それぞれに判断材料を出し合って、科学コミュニティーの中できちんと議論をして、意見の違いも含めて見解を示してほしい。科学と社会とで悩みを共有することが望ましい。バラバラにメディアに語られるとメディアも煽られ社会も混乱します。

「よく分からないけれど、こういう気味の悪い現象が起きている」などとメッ

＊ 2017年9月26日に中央防災会議の作業部会は、「大規模地震対策特別措置法」（大震法）の考え方の見直しについての報告を防災担当大臣に提出しました。大震法は、1978年、東海地震の予知を前提につくられました。首相が「警戒宣言」を出すと、8都県の自治体で鉄道やバスの運休、学校の休校などの措置が取られることになっています。「戒厳令」に近い状況ですね。しかし、予知の難しさが分かってきて、大震法の前提が見直されることになりました。今後、法改正の検討などが進みます。

セージが出れば、何らかの防災行動が起こせます。企業は重要な機器や資料を一時的に移動させたり、地域では歩けない人を早めに避難させたりするなど、危険度や切迫度に応じて対応を決めておくこともできます。

新幹線も「警戒宣言」が出れば今は全面的にストップさせることになっていますが、耐震対策も進み、緊急地震速報も整備されたので、現実的には徐行させるなど、経済や生活に大きな支障がない範囲で対応することが可能です。社会はそんなにバカではないと信じたいと思います。

マスコミも「予知ができるか、できないか」という科学的な話が好きで、災害対応などのちょっと面倒な社会の話は苦手なので、生産的な議論がしにくくなっています。予知があろうがなかろうが、人の命をどう救い社会の安寧を保つかが問題の本質のはずです。

みんなが批判する側に回ってしまってはダメ。批判されてでも「一緒に考え、解決策を生み出す人たち」が頑張れる社会にするべきではないでしょうか。

# 修羅場のときこそ優先順位を

頑張って防災対策をしている人は、歴史や地域に興味があり、「地域や人が好きな人」であるように思えます。祭りやイベントが盛んなところは、もともと「共助力」がある地域。逆に、防災が地域を活性化させることもできるでしょう。

地域のつながりが薄れている都会では、子どもたちに参加してもらうことが効果的です。自分たちが誰かを助ける、誰かの役に立つということには、子どもたちの方が敏感です。ちょっとすさんでいた高校で防災に取り組み、生徒たちを立ち直らせた例もあります。子どもから親、親から地域へと意識が広がっていくはずです。

ただし、あまり「オタク」的に防災の話ばかりしていると、周りの人に面倒くさがられます。子どもたちにも「これは大事なことだから」と言い聞かせるのは禁句です。子どもは「面白い」かどうかが先。だから私たちも「ぶるる」

やプリン実験をはじめとした面白い道具、楽しい教材で引きつける工夫を続けています。

東北で大人にも子どもにも語り継がれていた「津波てんでんこ」は、津波が来たら家族さえ構わず、一人でも高台に逃げろという教えです。家族や地域を守るために、全員は無理でも、誰か一人が生き残れば家や地域を継承できるという教訓。これは災害時の「トリアージ」の発想に通じます。

本当の修羅場、カタストロフィーに直面したら、何を見捨てて、何を残すか、いやな言い方ですが、優先順位を付けなければなりません。私も還暦を過ぎましたので、大災害のときには、自分よりは子どもや孫の世代に生き延びてもらいたいと思っています。

巨大災害では被害をゼロにすることは難しいので、災害波及をどう減らすかという問題も大事になります。東海・東南海地震が先に来たら、南海地震までの間にどうするかが日本の将来を決するでしょう。次の地震が1日後か、1年後か分からないような状況下で、混乱しないような仕組みをどうつくれるか。失敗したら日本は終わりです。家を守る、地域を守るということから、国や世界まで問題意識を広げていく必要があります。

## 100人が1人力を発揮する社会に

「着眼大局、着手小局」という言葉があります。物事を大きな視点から見て、小さなことから実践するという意味です。これを防災に当てはめれば、大局的に災害被害軽減のための戦略を考え、身近なところで具体的な実践を積み重ねること。私の好きな言葉で「全体最適」や「有言実行」「Think globally, act locally」の姿勢にも通じます。

過去の歴史からみて、南海トラフ地震が将来、絶対に起きることは大前提。「温故知新」で、今後に備えるしかありません。「いつ起こるか分からないから」などと言っているのはただの現実逃避です。できることは身近なところからすぐに始める。起死回生の策なんてありません。一つ一つの対策を足し算していくことが、被害を少しずつ引き算していくことになります。

1億人が家具の転倒防止をするのは、一つの大堤防をつくるよりたやすいはずです。1億人に家具固定を呼び掛ける努力をしないで、「堤防をつくれ」と言う人が多すぎます。子ども部屋の家具止めをせずに、学校の耐震化を訴える親がおかしいのと同じ。住宅1軒の耐震化に200万円の費用が掛かるとすれば、全国の住宅1000万軒を耐震化するのに20兆円が必要です。大きな数字のようですが、これは国民1人が1日50円節約すれば、10年かからずにできることなのです。

子どもたちがつくった標語ですが、「1人の100人力」より「100人の1人力」という言葉に本質があります。多くの人が支える社会の方が強い。そのためには、一人ひとりがちょっと意識や気持ちを切り替えるだけでよい。分煙やごみの分別も、20世紀には実現が困難な問題だと思われていましたが、一人ひとりが意識を変えたことで、今や当たり前の文化や習慣となりました。

防災も同じです。日本の社会が災害に備えないのは恥ずかしいこと。引っ越しのときには必ず地名や地形を気にしておくこと。

災害は忘れぬうちにやってくるもの――。

この本を最後まで読み終えた皆さんには、必ずやそうした意識が根付いたものと信じて、筆を置きます。

# あとがき

本書の4章で紹介した「あいち・なごや強靭化共創センター」が晴れて名古屋大学減災館にオープンし、2017年7月5日に記念式典を行いました。開設式には国や経済界の来賓、自治体や企業関係者ら約100人が出席。愛知県の大村秀章知事と名古屋市の河村たかし市長が名古屋大学の松尾清一総長と一緒に減災館の正面玄関に看板を取り付けました。その直後……。

ドンッ。

建物全体が揺れました。アナウンスを聞いていなかった人は「このタイミングで地震が?」と肝を冷やしたことでしょう。実は、この建物は全体を人工的に揺らすことができます。免震装置に付けたジャッキを引っ張ることで、震度

3程度の揺れを感じることができるのです。これまでも何度か実験として揺らしてきたので、今回も開設記念で「やってみよう」と計画しました。知事や市長もびっくりして揺れを実感してくれました。

2014年にオープンした減災館は、名大の防災・減災研究の拠点となる減災連携研究センターを中心に、この地域の災害対応や人材育成、普及啓発の総力を結集するためにつくられた施設です。

1階には各種「ぶるる」をはじめさまざまな減災関連の教材や展示物が並ぶ「減災ギャラリー」と、講演や勉強会のできる「減災ホール」が。2階には入門書や古地図、歴史地震、市町村史、ハザードマップ、新聞やビデオなどの資料がそろう「減災ライブラリー」

減災館

があります。
その各種データを統合し、大画面テレビに映して自分の住んでいる土地の歴史や特性を知ることができる「今昔マップシステム」は特に人気です。

同じ2階の「災害対策室」では有事に国や自治体と長距離無線ＬＡＮや衛星通信で連絡を取ることができます。3、4階は私の研究室を含めたプロジェクト室、最上階の5階にはアクチュエーターで往復1・5メートル程度の揺れを再現できる減災・体感実験室といった実験研究施設があります。電源は外部が停電してもディーゼル発電で1週間もつようにしていて、水も100人×10日分を備蓄するなど、建物全体が災害対応拠点となるようにも設計されているのです。

こんな特異な施設なので、オープン以来3年半で、専門家から一般の人たちまで約5万人が見学に来てくれました。

東大、京大の地震関係の研究所に比べれば国の予算や支援の少ない小さな施設です。名大はノーベル賞学者も多く輩出していますが、まだ「地方」の一大学。しかし、だからこそみんなが当事者意識を持って、一つになって連携できるのが強みです。

東京を小さくして、地方を元気にさせ、日本を災害に強い社会にする。そんな戦略を含めて、私は「減災ルネッサンス」という動きを起こしたいと思い、本書を企画しました。

最初にも記しましたが、本書には強調のしすぎや、言いすぎの面があります。自分自身が自問自答し、反省すべき点も多々あります。ですが、いずれも読者の皆さんに少しでも対策をしてもらい、不幸になってもらいたくないとの思いに基づいています。ご容赦いただければと思います。

本書ができたのは、ホンネをヤンチャに語り、社会に行動を呼び掛ける防災書を世に出すべしと、渋る私を説得し道筋をつくってくださった時事通信出版局の松永努社長のおかげです。そして、本書を多々補強してくださった災害や防災ボランティア活動を追うジャーナリストの関口威人さん、丁寧に校閲してくださった時事通信出版局の新井晶子さんがいてくれなければ、できなかった本です。皆様に心から感謝申し上げます。

福和伸夫

平成29年11月

**【著者紹介】**

**福和伸夫**（ふくわ・のぶお）

1957年生まれ、名古屋市出身。名古屋大学教授・減災連携研究センター長、あいち・なごや強靱化共創センター長、工学博士、日本地震工学会会長、中央防災会議作業部会委員、地震調査研究推進本部政策委員長など。81年3月名古屋大学大学院工学研究科修了。同年大手建設会社入社。91年名古屋大学に転じ、2012年1月より現職。専門は、建築耐震工学、地震工学、地域防災。早期の耐震化を強く訴え、小泉純一郎政権時代には防災の国民運動作りの原動力となった。「自然災害は防ぐことは出来ないが、その被害を減らすことはできる」という信念のもと、研究のかたわら、耐震教材を多数開発し、全国の小・中・高等学校などで「減災講演」を続けている。巨大な建物を実際に揺らすことのできる世界に類をみない研究・展示施設、名古屋大学「減災館」はその結集とも言える。


次《つぎ》の震災《しんさい》について本当《ほんとう》のことを話《はな》してみよう。

2017年11月30日　初版発行

| | |
|---|---|
| 著　者 | 福和伸夫 |
| 発行者 | 松永　努 |
| 発行所 | 株式会社時事通信出版局 |
| 発　売 | 株式会社時事通信社<br>〒104-8178　東京都中央区銀座5-15-8<br>電話：03(5565)2155　http://book.jiji.com |

| | |
|---|---|
| 取　材 | 関口威人 |
| デザイン | 松田剛（東京100ミリバールスタジオ） |
| 校　正 | 福田智弘 |
| 印刷／製本 | 株式会社太平印刷社 |





ISBN978-4-7887-1536-3 C0036 Printed in Japan